Romance Espírita

LOS SECRETOS DEL CASERÓN

Elizabeth Artmann

Traducción al Español:
J.Thomas Saldias, MSc.
Trujillo, Perú, Febrero 2024

Título Original en Portugués:

"Os segredos do casarão"

© Elizabeth Artmann, 1999

Traducido al Español de la 1.ª edición Portuguesa mayo de 1999

World Spiritist Institute
Houston, Texas, USA
E- mail: contact@worldspiritistinstitute.org

Del Traductor

Jesus Thomas Saldias, MSc., nació en Trujillo, Perú.

Desde los años 80's conoció la doctrina espírita gracias a su estadía en Brasil donde tuvo oportunidad de interactuar a través de médiums con el Dr. Napoleón Rodriguez Laureano, quien se convirtió en su mentor y guía espiritual.

Posteriormente se mudó al Estado de Texas, en los Estados Unidos y se graduó en la carrera de Zootecnia en la Universidad de Texas A&M. Obtuvo también su Maestría en Ciencias de Fauna Silvestre siguiendo sus estudios de Doctorado en la misma universidad.

Terminada su carrera académica, estableció la empresa *Global Specialized Consultants LLC* a través de la cual promovió el Uso Sostenible de Recursos Naturales a través de Latino América y luego fue partícipe de la formación del **World Spiritist Institute**, registrado en el Estado de Texas como una ONG sin fines de lucro con la finalidad de promover la divulgación de la doctrina espírita.

Actualmente se encuentra trabajando desde Peru en la traducción de libros de varios médiums y espíritus del portugués al español, habiendo traducido más de 300 títulos así como conduciendo el programa "La Hora de los Espíritus."

Índice

En la Panadería..5

El Caserón..10

La Ayuda 17

Recobrando Energías 32

El Pasado...37

El Problema de Tónico..53

En el Centro Espírita...59

Nuevamente en el Pasado 66

El Tratamiento..78

Reunión en el Caserón..85

Y Todo Terminó Bien...96

En la Panadería

Era uno de esos días en los que el calor era insoportable, rozando los 40 grados. Incluso a la sombra era incómodo, el Sol abrasador parecía derretirlo todo. Soplaba viento, pero también hacía calor y no enfriaba nada. Pero cada uno buscaba su manera de sobrellevar ese día, pidiendo una lluvia bendita para aliviar el calor.

Rose parecía no molestarse, mientras seguía caminando lentamente, con el cuerpo ligeramente inclinado hacia adelante, como si llevara una carga en la espalda, apoyándose en un bastón improvisado, dirigiéndose hacia la panadería. Ya fuera soleado, como ese día, o bajo la lluvia, incluso en el frío, todos los días ella tomaba ese doloroso paseo, lo sentía como penitencia.

Al llegar a la puerta de la panadería, era prácticamente imposible no llamar la atención de los presentes. Todos la miraban, cada uno a su manera, algunos con repulsión, otros con lástima; también hubo quienes se mostraron indiferentes, pero nadie se acercó, una fuerza extraña los repelió.

Rose no era fea, tampoco era hermosa; tenía una apariencia normal, pero su deplorable estado la convertía en un asqueroso montón de trapos sucios, parecía que no se había bañado en mucho tiempo. Su postura encorvada, a pesar de no tener joroba, dejaba atónitos a los presentes. Todo esto era inusual y nadie intentaría explicar la situación en la que se encontraba la joven. Sí, a pesar de su extraña apariencia, todavía era joven, tal vez tuviera 26 años. Ella acababa de dejar de cuidarse y por eso adquirió esa apariencia desagradable. Vivía sola en una casa grande en la esquina y no permitía que nadie se acercara a ella. Cualquier intento de acercarse era repelido con gruñidos, graznidos, maldiciones y amenazas con su bastón.

Margareth, residente desde hace mucho tiempo en la ciudad, estaba apoyada en el mostrador, distraída, esperando su turno para ser atendida, cuando sintió una especie de pinchazo en la espalda, transmitiéndole un horrible malestar por toda su columna, como si estuviera siendo atravesado por un lápiz. Con su sensibilidad e impulsada por el instinto, miró hacia atrás y se encontró cara a cara con Rose y ese hombre suyo.

Parece un pez muerto, aburrido. Margareth se sobresaltó e inmediatamente se hizo a un lado, dejando paso libre a la joven encorvada, que se acercó al mostrador extendiendo la mano con el dinero.

Joaquim, un viejo panadero, también se había instalado en la ciudad desde hacía mucho tiempo, ya estaba acostumbrado a Rose y trató de atenderla rápidamente, ya que su presencia causaba malestar a todos los presentes. Después de darle el pan y un litro de leche, le dio el cambio y se despidió, sin obtener; sin embargo, respuesta.

Rose se giró y buscó la salida, unos metros que parecían no terminar nunca, ignorando a las personas que la rodeaban, como si estuviera aislada en un mundo propio. Todos; sin embargo, la seguían con la mirada; algunos se acercaron a la puerta para ver mejor. Nadie se atrevió a hacer ningún comentario. Valdomiro, ayudante y aprendiz de panadero, un joven inteligente y observador, salió del interior y comprendió enseguida lo que estaba pasando, pues había visto a Rose ya en la calle, casi arrastrándose, ante la mirada de todos.

- Es muy rara - dijo, justo detrás de su jefe, Joaquim, que estaba limpiando el mostrador con un paño que probablemente no limpiaba nada porque estaba muy sucio.

- ¿Rara por qué? - Respondió el viejo panadero con una pregunta, sin mirar al muchacho.

- Recuerdo bien cuando llegó a la ciudad - dijo Valdomiro.

Valdomiro se unió a los demás para observarla. Ella ya estaba a cierta distancia.

- Recuerdo cuando llegó - continuó -. Caminaba normalmente, como cualquier persona; Después de un rato empezó a curvarse, curvarse, hasta verse así. Lo realmente raro es que a veces la veía caminar normalmente. Algo muy, muy extraño está atormentando a esta chica. No entiendo cómo pudo llegar a una situación tan deplorable, pobrecita.

Margareth, que todavía estaba cerca del mostrador, no pudo evitar escuchar el comentario y adivinó:

- Ella ciertamente está involucrada con "cosas" que no son de este mundo. No sabemos qué ha estado haciendo esta chica. Todo lo sobrenatural es muy complejo...

Valdomiro pensó en replicar, pero se detuvo, sintió que tal vez ella tenía razón. Intuitivamente, Margareth tenía razón: gracias a su sensibilidad era capaz de captar algunas cosas en el aire que la gente corriente no podía captar. Él, personalmente, tenía la sensación de tener algo que ver con esa chica, una extraña atracción hacia ella. No sabía cómo ni por qué, pero como era prácticamente imposible acercarse a ella, seguí esperando una oportunidad. Quién sabe, tal vez algún día él pueda, de alguna manera, comprenderla y ayudarla.

Mientras tanto, afuera, Luiz Antonio, un chico poco dado al trabajo, hijo de un campesino de la región le pidió otra cerveza, sentado en un taburete alrededor de una mesa pequeña, acompañado de otros dos compañeros: Miguel, el zapatero, y Aníbal, dueño de la pequeña imprenta de la ciudad. El grito de Luiz Antonio, ya con un leve síntoma de borrachera, hizo que el pesado ambiente de la panadería cambiara y todos regresaran a sus tareas y al tema del día: el calor.

Rose, ahora libre de las miradas de la gente en la panadería, estaba a punto de enfrentar otras miradas. Ya cerca de su casa, cuando pasaba frente a la casa de Rosália, la chismosa de la ciudad, como era conocida, era inevitable escuchar el saludo, acompañado como siempre de un aire de provocación.

- Buenas tardes, señorita Rose, ¿aun no has mejorado de tu espalda?

Rose no le prestó atención, cruzó la calle y se dirigió a su casa. En ese momento llegó la vecina de la derecha de Rosália, Matilde, una señora discreta que no tenía mucha simpatía, cuanto menos, por su vecina chismosa, que no se molestaba ni desaprovechaba la oportunidad de perturbar la vida ajena, ya fuera era de quien fuera, además de no importarle en absoluto las consecuencias.

- ¿Viste, doña Matilde, quién hace un momento pasó por aquí?

- No, no me di cuenta - respondió Matilde, siempre educada, sin extender más su respuesta para liberarse de la situación. Buscando así el refugio de su hogar, escapando del calor y no permaneciendo allí por un asunto que podría durar mucho tiempo y que no le llevaría a ninguna parte.

- Esa chica que vive sola en la casa grande de la esquina. Creo que se está volviendo cada vez más loca. Creo que deberíamos hacer algo.

- Creo que hay que hacer algo, pero no seremos tú ni yo quienes lo haremos. Disculpe, tengo deberes que cumplir. Que la pase bien, doña Rosália - respondió Matilde entrando a la casa.

- Doña a pinóia. Señorita, ¿escuchó? Extraño.

Rosália insistió en explicar su estado civil, como si fuera una ventaja. De hecho, detrás de este aparente orgullo había arrepentimiento, ya que se sentía muy sola. Cuando aun era joven, tuvo algunos novios, pero estos terminaron no soportando su mala educación.

Sin embargo, ya no había forma de responder, pues Matilde ya había entrado, sin preocuparse por los arrebatos de su intrascendente vecina, cuya fisonomía demostraba que ya no era una mujer joven, pese a no querer admitirlo, y que el título de señorita ya no le convenía. La vida que había llevado hasta ese momento no le había traído grandes logros en el terreno emocional. Con esa forma de relacionarse con los demás y la fama que adquirió, pocos amigos quedaron y, probablemente, no eran sinceros. Los frutos dependen de una buena plantación, quien quiera cosechar buenos frutos tiene que empezar a sembrar buenas semillas desde temprana edad. Aunque nunca es tarde para empezar. Una buena reforma íntima ayuda mucho en cualquier momento de nuestra vida.

El futuro ciertamente exige la plantación; depende de cada uno cosechar lo que ha sembrado.

El Caserón

Después de cruzar la calle, Rose continuó el difícil camino hacia su casa. Sentía un malestar terrible, no solo por el calor, sino principalmente por la carga que tenía que llevar sobre su espalda. No podía entender por qué esa tristeza no desaparecía, su corazón estaba constantemente apretado, una extraña depresión que no sabía entender, ni siquiera en compañía de sus "familiares." Es cierto que cargar a ese grandullón en su espalda era terriblemente agotador, pero estaba convencida que era lo que tenía que hacer. No sabía por qué, pero tenía que cargar a Gerónimo en la espalda la mayor parte del tiempo que salía de casa. Al final, él no podía estar atrapado dentro de la casa todo el tiempo y como no tenía piernas para caminar, ella tuvo que hacer este sacrificio por su "primo."

Rose provenía de una familia adinerada con grandes posesiones. Heredó una gran fortuna y dos empresas después que sus padres fallecieran en un accidente y, como era hija única, decidió cambiar sus costumbres, en un intento de olvidar el terrible suceso.

- Señor Venâncio - así se llamaba el agente inmobiliario -, ¿por qué no me mostró esta casa grande de inmediato? Habríamos ahorrado tiempo, eso es exactamente lo que estoy buscando - dijo Rose, muy emocionada por el hallazgo.

Algo la atrajo de esa mansión, no sabía explicar qué exactamente, y terminó comprándola, haciendo planes para remodelarla y quedarse allí por un tiempo, tal vez invirtiendo en algo en la ciudad o en la región. Pero, como la vida nos depara grandes sorpresas y, en ocasiones, terribles secretos, el mismo día que puso un pie en la mansión su vida empezó a cambiar, y para peor.

La casa fue adquirida junto con los muebles de finales del siglo XIX, de la época del Brasil Colonial, y a pesar de estar mal tratada, sin duda había quedado muy hermosa, pues tenía señales de la belleza del pasado.

Refugiada en una habitación en ruinas, empeoró. Su voluntad ya no le pertenecía; sin entender lo que realmente estaba pasando, se entregó cada vez más a esa implicación morbosa, extraña, corrosiva, que minaba sus fuerzas. Tenía planes de buscar un médico, pero cuando "habló" de ello, Josafat, uno de los "primos", se convirtió en una bestia. Al pobre Gerónimo no le importaba; lo único que quería era estar cerca de ella, porque se sentía bien a su lado. Joanita, la "prima", no permitió ningún intento de Rose de embellecerse, ponerse ropa nueva o cualquier adorno, como aretes, broches, etc. Para que Rose estuviera en paz con ella, solo tenía que ponerse ese vestido negro desgastado, que hacía tiempo pedía otro y que solo podía quitarse del cuerpo para un lavado rápido, que Joanita solo permitía con la interferencia de Gerónimo. Pero lo que intrigó a Rose fue el hecho que sus primos fueran negros. ¿Cómo podrían ser sus primos si ella era blanca? Y no conocía a ningún pariente negro en la familia. Otra cosa que la confundió fue no poder recordar cuándo había conocido a sus familiares. De hecho, el tiempo ya no contaba, pues ya no tenía idea de cuándo había comenzado esa situación. Su vida estaba completamente controlada por sus primos.

Las escaleras de la casa eran la peor parte del camino hasta la panadería. Cada paso fue un verdadero calvario. Por suerte no fueron muchos, solo cinco. Un suspiro sonó para cada uno de los vencidos, sin traer; sin embargo, ningún alivio. Rose sintió alivio cuando se inclinó frente al altar construido a instancias de sus primas e hizo la señal de la cruz, momento en el que Gerónimo aprovechó para deslizarse en el sofá y ella pudo volver a su posición normal.

Más aliviada, Rose se dirigió a la cocina, tomó el pan y la leche y encontró allí, sentada a la mesa, la repugnante figura de Josafat, con sus adornos colgando del cuello, pulseras en forma de cadenas, anillos exageradamente grandes y adornos igualmente grandes. Llevaba una camiseta con enormes estampados, toda abierta, dejando ver su pecho; pantalón negro, acompañado de un par de botas, y en su mano un palo que servía para atacar a cualquier oponente. Su rostro no era realmente algo digno de apreciar, parecía más bien un cavernícola, con la nariz y el mentón ligeramente adelantados, y su cráneo, de dimensiones reducidas, daba mala impresión. Su mirada era diferente, penetrante, daba escalofríos a cualquiera que lo mirara. Rose lo evitó, manteniendo la cabeza gacha.

Josafat estaba nervioso, las salidas de Rose eran cada vez más largas y su paciencia ya se estaba acabando. Especialmente cuando notó que ella no había traído lo que esperaba. Él desató toda su ira, golpeándola con su bastón y gritando como un loco.

- No me pegues más, Josafat - suplicó Rose, acorralada en un rincón de la cocina -. Hace mucho calor y la gente me mira fijamente todo el tiempo; y luego Gerónimo es muy pesado. Voy por tu carne, ten paciencia, solo un poquito más.

Está bien, pero habla con él; si lo digo, él querrá ir de todos modos, así que me demoro un poco porque pesa mucho - se disculpó Rose.

Es mejor, así podrás elegir la carne que más te guste - dijo Rose.

Si hubiera habido alguien presenciando la escena, habría estado seguro que Rose estaba loca, pero, en realidad, Josafat estaba hablando con ella, incluso agrediéndola físicamente.[1]

Se estaban yendo cuando Gerónimo gritó desde adentro que él también quería irse. Una mirada de Josafat fue suficiente para que cambiara de opinión. Josafat impuso respeto a los tres, su voluntad siempre fue obedecida, no había forma de responder. Su "poder" asustó a todos.

Una vez en la calle, Rose caminó normalmente esta vez, pero siempre con la cabeza gacha. Inconscientemente se sintió avergonzada de caminar junto a aquella aterradora figura, pero ¿cómo podría desobedecer a Josafat? Él, a su vez, estaba a su lado, muy pulcro, y se encargaba de saludar a todos los que pasaban. Por supuesto, nunca recibía respuesta. Pero a él no le importaba, incluso se divertía. Unos metros más adelante, Josafat vio a otro hombre y, en lugar de saludarlo, pasó al otro lado de Rose, casi de un salto. Ella se dio cuenta y preguntó qué había pasado.

---

[1] En los casos más graves de obsesión, el obsesionado puede sentirse atacado físicamente por su obsesor y experimentar dolores, hematomas y otros efectos diversos (ver *El Libro de los Médiums*, capítulo 23).

Rose quedó sorprendida por su respuesta:

- ¿Cómo? Eres tan valiente, ¿cómo puedes temer a ese hombre frágil?

- ¿Frágil de qué? Ahora estás huyendo de las energías cósmicas. Ni siquiera sé qué es esto.

- Sabes, he estudiado mucho, pero nunca había oído hablar de alguien que pudiera emanar energías como las que estás hablando. Estoy pensando que te estás ablandando.

¿Por qué Rose dijo eso? Josafat la golpeó con un palo, haciéndola tambalearse y tuvo que apoyarse en la pared para no caer. Permaneció allí unos segundos para recuperar fuerzas.

- Lo siento, lo dije sin querer - dijo Rose, secándose una lágrima que le corría por el rostro.

A poca distancia, el hombre que había provocado el incidente se detuvo y observó a la joven. La vio tambalearse, apoyada contra la pared. Quería ir allí para ayudarla, pero se detuvo al ver que ella ya se estaba recuperando.

Adalberto, así se llamaba, tenía grandes conocimientos del mundo espiritual, era médium y director de un Centro Espírita en la ciudad. Además de dirigir el Centro, realizó una amplia labor de asistencia social, ayudando a familias necesitadas. Gracias a su clarividencia[2], la visión del espíritu, pudo ver lo que la gente común no podía ver, y lo que estaba viendo en ese momento lo entristecía profundamente. Esa grotesca figura que acompañaba a la joven era incluso

---

[2] Clarividencia: facultad mediúmnica que permite a los médiums ver los espíritus y el ambiente espiritual en el que se encuentran (ver *El Libro de los Médiums*, capítulo 14).

escalofriante. En ese momento, lamentablemente, no pudo hacer más que orar por esa joven y su obsesor, pidiendo ayuda a los buenos espíritus.

Rose y Josafat llegaron a la carnicería. Fue directo a la vitrina para ver la carne más sabrosa. Rose, en un rincón, solo observaba a su compañero, que parecía un lobo hambriento frente a su presa.[3]

- ¿Estás seguro que quieres todo esto? - preguntó Rose tímidamente, no queriendo provocar una nueva discusión -. La carne puede estropearse.

- Bien bien.

Al otro lado del mostrador, el carnicero, algo asombrado, se limitaba a observar a la chica hablando con su propia sombra. Él ya conocía su fama, por lo que no se arriesgó a acercarse, prefiriendo mantener cierta distancia. La chica era conocida como la loca de la mansión. Rose, alejada de todo, no tenía idea que ella era la persona de la que más se hablaba en la ciudad; la "ceguera" se había apoderado de ella.

- Oye hombre, pésame cinco kilos de esta carne - Rose señaló el trozo deseado.

- ¿Cinco kilos? ¿No es mucho?

---

[3] Hay espíritus que por su desconocimiento del mundo espiritual permanecen durante mucho tiempo ligados a placeres y hábitos terrenales, como las adicciones, el hambre, la sed, etc. Josafat extrañaba la carne y necesitaba sus fluidos, aspirándolos para saciarse, ya que no podía digerirla. Este fenómeno se llama vampirismo (véanse los capítulos 4 y 11 del libro *Misioneros de la luz*, de André Luiz, psicografía de Francisco Cândido Xavier, editorial FEB.)

Josafat respondió por ella, ya irritado, utilizando las cuerdas vocales de la joven[4]:

- ¡Y qué, idiota! ¿No estás aquí para vender carne?

El carnicero miró a la joven con miedo. Inmediatamente intentó pesar la carne y pensó: "¡Quién le dice a un loco que responda! Así es como se aprende."

Rose se fue con el paquete y el carnicero suspiró aliviado. "Lo más extraño, la chica habló en un tono tan brutal que me puso la piel de gallina y a cualquiera le erizaría la piel" - pensó el muchacho, sin poder controlar su temblor.

---

[4] Cuando Josafat usó las cuerdas vocales de Rose, de hecho, quedó incorporado a ella. La simbiosis de tanto tiempo le facilitó manifestarse de esta manera. La incorporación es utilizada en los Centros Espíritas para proporcionar a los espíritus comunicación con el mundo material y así permitir a los médiums hablarles, adoctrinarlos o hacerles comprender que ya no están en el cuerpo físico; es decir, que ya han desencarnado. Es la bondad de Dios, que hace todo por sus hijos.

La Ayuda

Pasó otra semana.

Valdomiro, en sustitución de un acompañante, ayudaba en el mostrador, atendiendo a los clientes. Sus pensamientos ya lo estaban molestando, habían pasado casi tres días desde que apareció Rose, algo había sucedido. Sintió que necesitaba hacer algo, pero pronto ese día Tónico, uno de sus compañeros de panadería, no había venido a trabajar. Probablemente Joaquim no le dejaría marcharse. Por otro lado, era el mejor empleado, nunca faltaba, nunca causaba problemas. Ese fue un buen argumento. Además, solo lo sabrías si preguntaste sí o no. Y allí fue a enfrentarse a su jefe.

- Señor Joaquim, sé que no es un buen día, pero necesito encontrar una salida para resolver un problema en particular.

- Sí, no es un buen día en absoluto. ¡Creo que voy a despedir a Tónico! - Dijo el hombre, furioso.

- ¿Despedir a Tónico? - Valdomiro se sobresaltó -. ¿Ahora mismo que está teniendo tantos problemas en casa? Creo que deberías tener un poco de paciencia, después de todo, él también es un buen empleado, y ya sabes, los buenos empleados hoy en día son una rareza.

- Así es, pero debes saber que mi paciencia tiene límites. En cuanto a ti, ¿qué problema es este que no puede esperar hasta mañana?

- Es un problema privado y no puedo dejarlo para mañana bajo ningún concepto. Si quieres puedes descontarlo de mi salario o te pago horas extras.

Valdomiro no quiso decir el motivo, pues estaba seguro que sería un motivo para burlarse de él.

- Lo siento, Joaquim, no recuerdo haber pedido salir temprano y hace mucho que no trabajo aquí contigo, ¿no?

- Así es, puedes irte, luego averiguaremos cómo vas a pagar esas horas.

- Gracias, Joaquim.

Valdomiro corrió hacia la pulpería que había cerca de la panadería, donde trabajaba un amigo. Era un lugar al que Rose acudía constantemente y allí obtendría la primera confirmación de sus sospechas.

Al llegar allí buscó a Margarita, su amiga, y al verla le preguntó:

- ¿Rose ha estado aquí estos últimos tres días, Margarita?

- ¿No tienes la costumbre de saludar primero? - Respondió la chica, sin prestarle mucha atención al muchacho.

- Lo siento, es solo que... bueno... ¿No puedes responder de inmediato?

- Hasta donde yo sé, ella no ha estado aquí desde hace unos cuatro días, y creo que es genial. No me gusta que venga, cada vez que viene pone nerviosos a todos. Hubo un día...

- Gracias, Margarita - interrumpió Valdomiro -, me tengo que ir, adiós.

Y se escapó.

Margarita lo vio alejarse y murmuró para sí:

- No creo que realmente tenga ninguna educación.

La preocupación de Valdomiro empezó a aumentar. ¿Qué hacer? No iría solo a la mansión. ¡Oh! Gran idea. Adalberto era la mejor persona, al fin y al cabo era inteligente y tenía mucho conocimiento de las cosas, sobre todo de las sobrenaturales. Sin embargo, no sabía dónde vivía, primero tendría que ir al Centro Espírita. Adalberto ya lo había invitado a asistir al Centro, pero se consideraba demasiado joven para eso. En un futuro, quién sabe, vería cómo es este "negocio."

Al llegar al Centro, tocó el timbre y esperó. Se abrió la puerta y apareció una mujer delgada.

- Dígame - dijo ella.

-¿Está Adalberto ahí?

- No, solo viene de noche a dirigir la obra.

- ¿Puedes darme su dirección?

- No lo sé - respondió la mujer, un poco recelosa -, ¿por qué no vienes por la noche? Luego hablas con él.

- De noche no, es un asunto urgente, ¡incluso creo que es una cuestión de vida o muerte!

La mujer pensó un poco y dijo:

- Puedo llamar a su casa y preguntarle si me autoriza a darte la dirección.

- Por favor, haz eso rápido.

La mujer cerró la puerta y dejó al chico afuera, caminando impaciente de un lado a otro. Unos minutos más tarde, la puerta se abrió nuevamente y la mujer preguntó:

- El señor Adalberto quiere saber quién eres.

- Dile que soy Valdomiro, el de la panadería, me conoce bien, somos amigos.

- ¿Él te conoce bien, son amigos y ni siquiera sabes dónde vive?

- Por favor señorita, es urgente.

Una vez más el portón se cerró y Valdomiro se puso más nervioso. Minutos más tarde, más largos que los anteriores, mientras la mujer tenía que buscar papel y bolígrafo para anotar la dirección, se abrió el portón:

- Aquí está - dijo.

Valdomiro miró el papel y con cierta dificultad leyó lo que estaba escrito.

- Está cerca del viejo tanque de agua, ¿no? La mujer asintió con la cabeza afirmativamente, mostrando que ya estaba molesta con el ida y vuelta al que el chico la obligaba.

- Gracias, disculpe las molestias. ¿Qué haces aquí en el Centro? - quiso saber Valdomiro, curioso.

- Soy limpiadora, ¿puedo ir a trabajar ahora?

- ¡Perdón!

La mujer cerró el portón y él continuó hacia la dirección. Adalberto ya lo esperaba en el balcón con su habitual tranquilidad.

- ¿Qué es este negocio de vida o muerte? - Quería saber -. ¿Quién está muriendo, de todos modos?

- Perdón por molestarte, Adalberto - dijo Valdomiro -. Probablemente te reirás de mí, pero estoy bastante preocupado.

- Solo hay una manera de saberlo, ¿no?

- Bueno, es Rose, la chica de la casa grande, sabes quién es, ¿no?

- Sí, ¿y ella?

- Hoy es el tercer día que no aparece en la panadería y el cuarto en el supermercado. Como vive sola en esa mansión, es difícil saber qué está pasando, a menos que alguien entre allí para ver si todo está bien.

- ¿Y ese alguien eres tú? - Preguntó Adalberto.

- Más o menos. No tengo el valor de entrar solo, así que pensé en ti, ya que entiendes estos asuntos.

- ¿A qué asuntos te refieres?

- Bueno... creo que tiene algo que ver con los espíritus, como lo que ya hablamos.

Adalberto pensó por unos momentos, recordando que vio por última vez a Rose en compañía de ese extraño espíritu, y se volvió hacia Valdomiro y le dijo:

- Sí, tal vez tengas razón, pero no podemos entrar así, de todos modos, vayamos primero a la comisaría, hablemos con el jefe de policía, para que pueda ir con nosotros, así será la ayuda "oficial", no. ¿Entiende?

- ¡Bien pensado, eres muy inteligente!

- No es una cuestión de inteligencia, Valdomiro, solo se trata de hacer las cosas correctamente.

- ¿Entonces vamos?

- Vamos en mi auto, para ganar tiempo - dijo Adalberto, dirigiéndose hacia el garaje.

Al llegar a la comisaría, preguntó a uno de los guardias por el doctor Ronaldo, el jefe de policía, que los recibió en su despacho.

- Buenas tardes, Adalberto, ¿qué te trae por mi comisaría? ¿Viniste a adoctrinar a los prisioneros? - Soltó una risita traviesa.

El señor Adalberto no prestó atención a la broma del policía y se limitó a entrar en materia de inmediato.

- Seguramente habrás oído hablar de esa joven que vive en la casa azul.

- Sí, lo sé, ¿no quieres sentarte? - Preguntó el comisario señalando la silla frente a la mesa -. Ella no se volvió completamente loca, ¿verdad?

Él volvió a reír, solo que más fuerte. Adalberto no compartió el sarcasmo del comisario, dejándolo un poco tímido.

- No lo sabemos - dijo Adalberto, serio -. Resulta que hace tres días que no sale de casa, por lo que concluimos que algo debe estar pasando y nos gustaría ir allí y echar un vistazo. Para ello necesitarías acompañarnos.

Valdomiro, ignorado por el comisario, se sentó en una silla, incluso sin ser invitado.

- ¿Yo? ¿Estás loco? Esa casa está embrujada, no voy a ir allí para nada - respondió el comisario, agitando las manos.

- Está bien, no es necesario que vayas. Solo danos autorización para que podamos ingresar o envía a uno de tus asistentes para que nos acompañe.

El jefe de policía pensó un poco: si él no quería ir, seguramente ninguno de sus ayudantes querría hacerlo; y luego ni siquiera preguntaría, para evitar cualquier vergüenza. Decidió optar por la autorización.

- Voy a hacer una autorización - dijo el comisario, sacando una hoja de papel y un bolígrafo del cajón.

Me tomó unos minutos escribir el documento, porque se detuvo unos instantes a pensar antes de escribir cada línea.

Pensó Valdomiro, observando al comisario mientras escribía.

"¿Cómo puede un tipo estúpido como ese ser comisario?"

- Aquí está, con esto puedes entrar. Entonces cuéntame qué pasó.

- Gracias, comisario. Nos vamos ahora, que el tiempo apremia - dijo Adalberto levantándose y extendiendo la mano al comisario, concluyendo:

- ¿Estás seguro que no quieres venir con nosotros? Después de todo, no todos los días tenemos la oportunidad de presenciar fenómenos como estos, ¿verdad?

- Quizás, pero prefiero ocuparme de cosas más tangibles. En este caso te nombro mi asistente en asuntos sobrenaturales - volvió a reír.

Adalberto salió con Valdomiro hacia la mansión. Al llegar allí, Valdomiro no parecía muy convencido de querer entrar, incluso pensó que había sido un tonto al haber levantado la liebre. Adalberto, notando su desgana, como el chico caminaba muy lentamente, y ya sospechando de lo que estaba pasando, le llamó la atención:

- No fuiste a buscarme y luego me llevaste el cuerpo, ¿verdad?

- ¡No imagina! - Dijo corriendo un poco para alcanzarlo. Pero, en realidad, un pequeño temblor ya se apoderaba de sus piernas.

- ¡Oh! Ve a la cajuela del auto y saca una palanca - preguntó Adalberto.

Valdomiro trajo la herramienta y Adalberto la insertó entre la puerta y el marco de la mansión, pero no fue necesario usar fuerza, ya que la puerta estaba abierta. Fue la primera sorpresa. Él la empujó lentamente. Valdomiro, detrás de él, estiró el cuello para mirar dentro. Lo que vieron no fue nada agradable:

Había un olor terrible e indescriptible por todas partes. Adalberto entró muy tranquilo, parecía no prestarle atención a todo, solo observaba su entorno. Valdomiro, por su parte, no pudo resistir el olor y sintió ganas de vomitar.

- ¿Estás intentando ensuciar más la casa, muchacho? - Preguntó Adalberto.

- Lo siento, casi no pude resistirme, ¡qué olor es muy malo!

- Es necesario tener autocontrol. Nada de esto debería influir en ti.

- Para ti es muy fácil, para mí tendré que prepararme mucho.

- Te he dicho varias veces que deberías estudiar, apuesto a que ese libro que te regalé está tirado en algún rincón - dijo Adalberto, sin dejar de mirar todo a su alrededor.

Lo peor es que era verdad. Adalberto le regaló, hace algún tiempo, un libro sobre este tema, el Espiritismo, pero el chico pensó que aun no estaba listo y el libro quedó olvidado en el estante.

Detrás del sillón, Adalberto distinguió, a través de su clarividencia, una figura y la identificó como un espíritu. No le dijo nada a su compañero, porque si lo hacía...

Era Gerónimo quien observaba todo, tratando de esconderse. Adalberto fue a la cocina. No vio más que mucha suciedad: el fregadero estaba lleno de cacerolas y platos sucios. Sobre la mesa, un plato con un trozo de carne muy poco cocida, ya en estado de putrefacción, llena de moscas. Regresó a la habitación. Estaba subiendo las escaleras que conducían a las habitaciones superiores cuando vio una puerta entreabierta debajo y decidió echar un vistazo. Allí estaba Rose, tumbada en una pequeña cama, en lo que se suponía era el cuarto de una empleada, diminuto. Entró rápidamente y la tomó del brazo para comprobar si la niña tenía pulso. Ella respiraba con dificultad. Había restos de comida en el suelo, lo que lo llevó a deducir que ella había traído comida a la habitación. Adalberto sintió una extraña presencia en la habitación, se dio vuelta y vio la aterradora figura de Josafat detrás de un pequeño armario, tratando de esconderse. Al darse cuenta que había sido descubierto, salió rápidamente de la habitación por la puerta. Por ser un espíritu, hubiera bastado con alejarse un poco y ya estaría fuera del campo de visión de Adalberto, pero, como era un espíritu sin conocimiento, siguió usando la puerta.

Adalberto llamó a Valdomiro, que estaba parado en la puerta de la habitación, esperando. Respondió un poco asustado.

- Ayúdame a llevarla al auto.

- ¿Cómo está ella? - Preguntó, ansioso.

- Viva, pero necesita ayuda urgente, llevémosla a urgencias.

Cuando salían, Adalberto "oyó" a Gerónimo gritarle a Josafat, que estaba en la puerta de la cocina:

"¿Vas a dejar que se lleven nuestra Rosita?"

Josafat no respondió nada. En su lugar, Joanita, que estaba arriba, escuchó:

"Déjala ir, cuando mejore la traeremos de regreso."

- ¿Qué pasó, Adalberto, te detuviste de repente, por qué? - Preguntó Valdomiro al ver que su compañero se había detenido y miraba un poco extraño hacia el interior de la casa.

- Nada, nada, vámonos rápido.

- Hay fantasmas ahí dentro, ¿no? - Preguntó el chico asustado.

- No hay fantasmas, hay espíritus. Aprende muchacho - dijo Adalberto, colocando ya a la joven en el asiento trasero del auto.

Del otro lado de la calle, Rosália ya observaba el movimiento. Cuando los dos se fueron con la joven, ella no pudo resistirse y corrió para estar al tanto de los acontecimientos. Inmediatamente preguntó:

- ¿Qué está pasando?

- Nada importante señora, la chica simplemente se sintió mal y vinimos a ayudarla - respondió Valdomiro.

- ¿Y cómo se enteró que no se encontraba bien? - Preguntó Roselía.

- No puedo explicarlo ahora, señora - dijo Adalberto -. Disculpe, tenemos prisa.

El auto aceleró hacia la sala de emergencias. Rosália observó cómo el coche se alejaba, sin saber lo que realmente había sucedido. Miró la mansión y se le puso la piel de gallina.

- ¡Santo Dios! ¡Qué cosa más rara! - Exclamó, tratando de salir rápidamente de allí.

Aunque no vio nada, Josafat estaba en la puerta abrazando a Joanita.

* * *

Al llegar a la sala de emergencias, Rose fue atendida de inmediato. Le realizaron los exámenes, le entregaron los medicamentos recetados por los médicos de turno y de inmediato le proporcionaron una habitación para quedarse.

Cuando la joven ya estaba acomodada, vino el médico a informar a Adalberto:

- Ella ya está descansando y tomando suero. Está fuera de peligro - dijo -, pero está muy débil. Si hubieran tardado un poco más en ayudarla probablemente no habría sobrevivido.

- ¡Gracias a Dios! - Exclamó Adalberto -. Gracias doctor.

- De nada. Hasta luego -. El médico se alejó para atender otra llamada.

Valdomiro suspiró aliviado y se dejó caer en un sillón con una amplia sonrisa.

- Necesitamos protegerla de esos espíritus. Le voy a pedir a Fina que se quede con ella esta noche - dijo Adalberto.

- ¡Me puedo quedar! - Exclamó Valdomiro.

- Creo que puedes protegerla de los encarnados, Valdomiro, pero para defenderla de los desencarnados necesitamos a alguien con experiencia.

- ¿Sigue en peligro?

- Esos espíritus obsesivos no se quedarán tranquilos, intentarán recuperarla a la primera oportunidad, es por eso que debemos protegerla en todos los sentidos.

- Tú eres el que sabe esas cosas.

- Y tú también podrías saber algunas cosas, ¿verdad "jovencito"?

Valdomiro asintió y vio a su amigo alejarse hacia el teléfono público. Existía una gran amistad entre ellos y el muchacho admiraba a aquel caballero. Tan pequeño en estatura, pero tan grande en conocimiento. Después de eso, corría a buscar ese libro y estudiaba mucho estas cosas sobre los espíritus. Lo necesitaba y se lo debía a su amigo. También sentías mucha curiosidad sobre el tema, pues se dio cuenta que, si tuviera más conocimientos sobre el Espiritismo, podría ayudar más.

- Está bien, Fina llegará pronto - informó Adalberto.

- ¡Fina! Qué nombre tan extraño, ¿no?

- Se llama Josefina, pero como es gordita la gente empezó a llamarla Fina y el apodo se quedó. Como a ella misma no le importaba, acabó siendo conocida como Fina.

- ¿Y protegerá bien a Rose? - Quería saber Valdomiro.

- No solo ella, sino también los amigos espirituales que ya están aquí ayudándonos.

- ¡¿Aquí?!

- Si ya hubieras leído ese libro no tendría que dar tantas explicaciones, ¿verdad?

- Lo siento, Adalberto, te prometo que lo leeré rápido.

- No quiero que lo leas "rápido", te recomiendo que lo estudies párrafo por párrafo, medites todas las preguntas e intentes comprenderlas.

- Tú eres el que está a cargo.

- No pido nada, solo lo recomiendo.

- Dijiste que ya hay espíritus aquí. ¿Puedes explicarme un poco sobre esto, solo un pequeño adelanto de lo que voy a leer en el libro?

- La verdad es que siempre estamos involucrados y acompañados de espíritus en todo momento. Si eres una persona que busca hacer el bien, tienes buenos pensamientos y te esfuerzas por hacer las cosas correctamente, siempre estarás acompañado de un buen espíritu, que puede haber sido un amigo o un familiar que se preocupa por tu desarrollo espiritual. Este espíritu es el conocido popularmente como ángel de la guarda. Él hará todo lo posible para ayudarte, brindarte buenos pensamientos y aliento para mantenerte en el camino correcto. Además, siempre habrá buenos espíritus que te inspirarán con buenos pensamientos. Ahora bien, si eres una persona a la que no le importan las cosas buenas, tienes malos pensamientos y te gustan esos pensamientos, entonces el espíritu amigable se alejará, porque no estarás prestando atención a sus consejos. A partir de entonces se acercarán espíritus malhechores, y normalmente no vienen solos, por lo que tu vida se convertirá en un infierno, ya que harán todo lo posible para hacerte sucumbir. No tienen escrúpulos y no se detendrán ante nada con tal de hacerte daño. Drenarán tu energía, te animarán a hacer cosas malas, perjudicando tu vida tanto material como espiritualmente. Y esto pasa por afinidad: si eres bueno, estarás con los buenos, de lo contrario atraerás a los malos.

Valdomiro escuchó con mucha atención las explicaciones de su amigo y permaneció en silencio por unos segundos, hasta que exclamó:

- ¡Impresionante, si no somos buenos, estamos completamente a merced de los espíritus malignos, sin ninguna protección!

- ¡Razonamiento perfecto! Pero hay protección, nuestros amigos espirituales nunca se alejan definitivamente, siempre están cerca cuando pides ayuda, siempre están dispuestos a ayudar, siempre y cuando el pedido sea sincero. Para ello basta con decir una oración, aquí es cuando la fe actúa con todas sus fuerzas.

- Menos mal. Pero Rose no es mala persona, ¿por qué los espíritus quieren hacerle daño?

- En el caso de Rose podría ser diferente. Además de permanecer vigilante, cediendo el paso a espíritus inferiores, también podría tratarse de una venganza procedente del pasado. Hoy estos espíritus se aprovechan de su debilidad psíquica y prácticamente se apoderan de su vida. Quizás sea eso.

- ¿Cuándo era niña?

- No, no, estamos hablando de reencarnaciones. Algún desacuerdo serio tuvo en otra encarnación y ahora estos espíritus quieren venganza.

- Pero...

- Lee el libro, entenderás todo lo que dije y mucho más. Ahora tengo que irme, ya les informé a las enfermeras que Fina pasará la noche con Rose. Deberías irte a casa y descansar, hoy fue un día muy importante en tu vida.

Le dio una palmada en la espalda a Valdomiro y se fue.

- La señora Margareth dijo el otro día en la panadería que todo lo sobrenatural es muy complejo. ¡Y como lo es! - pensó Valdomiro, saliendo también.

Recobrando Energías

En la ciudad, el tema del momento fue el rescate de la loca por parte del chico de la panadería. Adalberto, cuando le pedían que hablara sobre el tema, siempre decía que el responsable de la acción era el ayudante del panadero, por lo que todos hablaban del nuevo héroe de la ciudad. Rosália ya había hecho su trabajo de "publicidad." Valdomiro continuó con su pequeña vida, pero ahora era famoso y todos los que iban a la panadería querían charlar con él, para saber más detalles de lo sucedido, lo cual él hacía con mucho gusto, creando incluso suspenso. Después de ese día, comenzó a leer el libro que Adalberto le había regalado. De hecho, "devoró" el libro. Cuando terminó, compró tres más sobre el tema.

Joaquim, un comerciante inteligente, sacó al muchacho del horno y lo puso a trabajar en el mostrador, con la esperanza de atraer más clientes.

- ¡Hola Adalberto! - dijo Valdomiro al ver entrar a su amigo -. ¿Cómo está nuestro amigo?

- Creo que lo sabes mejor que yo, ¿no? - Bromeó.

- ¿Vas a urgencias?

- Voy. ¿Quieres ir conmigo?

- Déjame preguntarle a Joaquim si me autoriza a salir.

Valdomiro fue a la parte trasera de la panadería y pronto regresó sonriendo, quitándose el delantal. Después de hacerse famoso, Joaquim comenzó a permitirle irse sin cuestionarlo mucho, esperando, por supuesto, un retorno económico de todo eso.

Camino al hospital, Valdomiro le contó a su amigo que se había encontrado con el jefe de policía, y que le había preguntado por la mansión y cómo había ido el rescate. Luego aprovechó la oportunidad para bromear con el agente de la ley, diciendo:

- No fue fácil. Dentro había unos 20 fantasmas. Fue una pelea enorme, pero como el señor Adalberto era mejor que todos juntos, los hizo correr a todos. ¡Puedes ir allí ahora que no quedan fantasmas!

- No se puede utilizar mentiras bajo ninguna circunstancia. Nunca debemos aprovecharnos de personas menos ilustradas - dijo Adalberto.

- Sí, lo siento, pero ese tipo es un tonto, ni siquiera sé cómo una persona como él puede ser comisario - argumentó Valdomiro, un poco incómodo.

- Sea como sea, siempre tenemos la obligación moral de respetar a los demás, ya que todos somos hermanos. Nunca debemos menospreciar a otras personas, después de todo, todos estamos en el mismo barco, el barco de la evolución. Y luego, por lo que aprendiste en el libro que te regalé, ya sabes que no es posible luchar físicamente con los espíritus. Si esa era la idea que querías transmitirle, no ayudaste a iluminarlo.

- Está bien, solo quería fantasear un poco.

- Creo que fantaseaste demasiado. Ahora tendrás que ir a la comisaría, disculparte y contar la historia de cómo sucedió realmente.

- ¿Hablas en serio? Incluso podría meterme en la cárcel.

- Si hace eso, toda la ciudad te sacará de allí.

Ambos se rieron. Valdomiro prometió arreglar la historia con el jefe policial. Llegaron a la sala de emergencias y fueron directamente a la habitación donde estaba Rose. Estaba mucho mejor, ya sonreía y decía cosas que tenían sentido.

- ¡Mis salvadores! – Exclamó, todavía con cierta dificultad.

- ¿Cómo estás, chica? - Preguntó Adalberto.

- Me estoy recuperando rápidamente. No sé cómo les voy a pagar este favor a ustedes dos - dijo Rose mirándolos.

- Para mí, estoy feliz solo con tu amistad - dijo Valdomiro.

- ¿Y tú, Adalberto, cómo puedo pagarte?

- Bueno, te enviaré la factura más tarde, ¿vale? - Bromeó.

Todos rieron.

- Quería agradecer a Fina por la ayuda que me brindó, pero ya no apareció.

- Le pediré que te haga una visita, estará feliz de verte tan bien.

Se hizo el silencio en la habitación. Valdomiro fue quien dijo:

- Rose, estoy leyendo unos libros que me recomendó Adalberto y tengo mucha curiosidad por saber cómo te pasó todo esto.

- Tendrás curiosidad, porque ni siquiera yo lo sé. El que nos puede explicar es nuestro amigo de allá - dijo Rose señalando a Adalberto.

- Por el momento no puedo decir nada, lo que sé es muy poco - aclaró Adalberto -. Prometo que consultaré a mis mentores, si me lo permiten y dicen algo, te lo diré, ¿vale?

- Estás lleno de misterios, ¿eh? - Bromeó Valdomiro.

-No son misterios. En el mundo espiritual no hay nada misterioso, son los hombres quienes crean estas cosas, allí todo es muy simple, somos nosotros los que no tenemos la capacidad de comprender la sencillez.

- Sí, pero deberás una respuesta - exigió Valdomiro.

- Como dije, si tengo algo que decir, lo diré.

- Volviendo al tema del pago de la cuenta, señor Adalberto, insisto en reembolsarle todo lo que gastó en mí - dijo Rose.

- En el momento adecuado resolveremos este asunto, primero quiero verte recuperada y lista para volver a la vida.

Siguieron hablando, hasta que Valdomiro se dio cuenta que ya había pasado mucho tiempo.

- ¡Caramba, Joaquim me va a dar el mayor regaño! - Y se fue apresuradamente, despidiéndose de sus amigos.

Adalberto también se fue poco después, despidiéndose de la joven y prometiendo regresar pronto, pues los médicos habían comentado la posibilidad que Rose recibiera el alta al día siguiente y sería necesario buscarle un lugar para quedarse. En la mansión, de ninguna manera.

Esa noche, como siempre sucedió, Adalberto se desdobló[5]; es decir, dejó su cuerpo físico y viajó en espíritu al mundo espiritual, acompañado de su amigo y mentor espiritual Geraldo. Se reservaron grandes revelaciones para la médium sobre la vida pasada de la joven Rose. Era necesario tomar conciencia de ello, ayudarla con lo que se avecinaba.

En una colonia espiritual, lugar ya muy conocido por Adalberto, lo llevaron a una gran sala. Allí conocería finalmente sobre el pasado de Rose...

---

[5] Desdoblamiento: proceso en el que el espíritu de la persona encarnada se proyecta fuera del cuerpo físico. Es muy común durante el sueño, cuando el espíritu va en busca de sus parientes, buenos o malos (ver *El Libro de los Espíritus*, capítulo 8).

El Pasado

Era el año 1840, el Brasil de los cafetaleros, poderosos agricultores que hacían y deshacían, en una época en la que la vida de una persona no tenía valor, sobre todo si era negra y, peor aun, si además de negra era anciana o enferma.

En el interior de Minas Gerais, en la hacienda Tres Marías, las expectativas por la llegada de una oleada de esclavos procedentes directamente de África eran grandes. El trabajo había aumentado mucho y era difícil conseguir nuevos esclavos. La solución fue negociar directamente con los barcos negreros. La joven Rose[6] tenía, en ese momento, solo 15 años. Era el que más fiestas hacía. Su padre, don Alcântara, le había prometido una esclava solo para ella. Estaba ansioso por empezar a dar órdenes. Su hermana Marina ya tenía una esclava, que fue su regalo de cumpleaños número 15.

Rose hizo sus planes. No permitiría ninguna desobediencia, como hizo Marina.

- Es una tonta - pensó Rose -. Su esclava está muy relajada.

---

[6] Usamos los mismos nombres para identificar mejor a los personajes.

El padre no quería saber qué estaba pasando, solo le preocupaba el bienestar de la niña. Rose, a su vez, planeaba ser muy exigente con su esclava.

El Sol ya cruzaba la mitad del cielo cuando alguien tocó el timbre de la puerta principal, avisando de la llegada de la caravana que apuntaba en el horizonte. Todos se agitaron. Rose inmediatamente dejó el bordado que estaba haciendo y corrió hacia el porche.

- Finalmente, están llegando. Hay tantas cosas que "mi" esclava puede hacer - dijo Rose, mirando a Marina, que estaba justo detrás de ella.

- Creo que deberías dejarla descansar al menos por esta noche - dijo Marina -. No olvides que ella está aquí forzada, que la sacaron de su casa a la fuerza, solo para servirte.

- ¡Oh! ¡No me molestes! - respondió Rose, bajando las escaleras y dirigiéndose hacia el portón grande, para encontrarse con la caravana.

Marina vio alejarse a su hermana. No entendió su arrogancia. Tan joven y tan llena de arrogancia. Ya sentía pena por la nueva esclava, incluso antes de conocerla. Los pobres no sabían lo que le esperaba. Marina ni siquiera entendía por qué esclavizaban a los negros. En el fondo pensaba que estaba muy mal, por eso su esclava era tratada diferente, como una amiga. Esto irritó mucho a su padre, quien dijo que había perdido el dinero pagado por la negra, ya que su hija la trataba como a una más de la familia.

El gran portón se abrió, dando paso a la fila de negros, algunos atados entre sí, encabezados por Gerónimo, el capataz de la finca que, montado a caballo junto con algunos otros empleados, custodiaba la fila.

Rose estiró el cuello buscando a la esclava que se convertiría en su sirviente, pero no le agradaba ninguno de ellos. Ella se enojó y corrió de regreso a casa.

Más tarde, cuando llegó su padre, ella inmediatamente fue a su encuentro.

- Papá, ¿viste a las negras que llegaron? ¡Son horribles!

- Ahora no, hija, luego hablamos - respondió el granjero, dirigiéndose a la oficina de la finca seguido de cerca por Gerónimo.

- Pero, papá... - intentó argumentar Rose.

El viejo granjero se volvió hacia su hija, con los puños cerrados y el rostro enojado. Como ya había pasado por el cuartel de esclavos y visto la "mercancía" recibida, sus nervios estaban a flor de piel. Cuando vio esa mirada de odio, se giró rápidamente y subió las escaleras que conducían a lo alto de la casa, donde estaban las habitaciones. El granjero entró en la oficina, se arrojó en su silla y empezó a gritar:

- ¡Puedes hablar!

- Lo siento, don Alcântara - dijo Gerónimo, retorciendo su sombrero entre las manos y con la cabeza gacha, sin tener el valor de enfrentar a su jefe - pero no fue mi culpa. Cuando llegamos a Río de Janeiro, el desgraciado del capitán del barco ya había vendido los mejores negros a un campesino de São Paulo, y los que yo traje fueron los que quedaron.

- ¿Qué vamos a hacer con estos negros, Gerónimo? ¿Hacemos una barbacoa con ellos? - gritó el granjero golpeando la mesa -. ¿Y el dinero que tomaste para traer buenos esclavos?

- Como los había vendido casi todos por una cantidad superior a la que le habías ofrecido, cobró barato los que traje. El resto del dinero está aquí, señor.

- Eso es lo que pasa cuando se trabaja con incompetentes - refunfuñó el granjero.

- ¿Cómo? ¿Qué dijo, señor? - Gerónimo no entendió.

- Nada nada. Continúa con tus asuntos, luego veamos qué se puede usar de lo que trajiste.

- Disculpe - Gerónimo se fue.

Don Alcântara permaneció pensativo unos minutos, mirando por la ventana. Todo fue culpa suya. Si hubiera liberado al supervisor unos días antes, tal vez eso no hubiera sucedido. "Maldito campesino paulista, si tuvieras idea del daño que me causaste…" - reflexionó. Solo ahora tendría otra oportunidad de adquirir nuevos esclavos en tres meses. Lo lamentó, pero no tenía sentido llorar sobre la leche derramada, lo importante era aprovechar lo que había recibido. Se levantó y se dirigió al cuartel de los esclavos para examinar mejor la "mercancía." Gerónimo fue a seguirlo en cuanto lo vio acercarse.

Después de mirar con mucha atención a los negros recién llegados, le dijo al capataz:

- Lleva a esa negra para que ayude en la cocina - señaló a otra mujer que estaba en la esquina -. Esa flaca. Llévala a la casa grande, será el regalo de Rose. A esos dos negros los pones a trabajar en el campo, los demás van al cafetal. Tengo la impresión que vinisteo recogiendo esclavos por el camino y ni siquiera fuiste a Río de Janeiro - dijo irónicamente don Alcântara.

A Gerónimo no le gustó lo que dijo el patrón, pero no dijo nada porque de hecho había comprado algunos negros durante el viaje, para no llegar con las manos vacías. Al final de la tarde, casi al anochecer, don Alcântara reunió a su familia para presenciar la entrega del regalo a Rose.

- Rose - dijo el granjero dirigiéndose a su hija -, quería hacerte el regalo que me pediste, pero el negocio no salió como esperaba. Quédate con esa negrita, te daré otro regalo más tarde.

- Está bien, papá - respondió Rose, no muy feliz.

- Vamos a cenar, porque, como dice el refrán popular, "una bolsa vacía no se mantiene en pie" - dijo satisfecho con la aceptación de su hija.

Pasaron unos días. Rose no podía acostumbrarse a su esclava, que no podía aprender el nuevo idioma. Como no tenía paciencia, ya la había hecho azotar en el cepo tres veces, solo porque ella no entendía sus órdenes.

Al octavo día que la esclava estuvo en la casa grande, dejó caer comida en la habitación. Como no podían entenderse, la enviaron nuevamente al cepo. Esta vez la orden fue extrema: permanecer en el cepo durante tres días sin comer.

Como el padre no interfirió en las decisiones de su hija, se ejecutó el castigo. Al tercer día, muy temprano, alguien la despertó llamándola desde la ventana de su dormitorio. Era Gerónimo, preocupado, mirando a su alrededor como si tuviera miedo que alguien lo viera allí.

- ¿Qué pasó, Gerónimo? - Preguntó Rose.

- Por favor venga aquí, señorita Rose, necesito decirle algo urgente.

- ¿No puedes dejarlo para más tarde?

- No. Es mejor que la señorita lo sepa pronto.

- Está bien. Espere un minuto.

Rose se preparó apresuradamente, bajó las escaleras con cuidado para no despertar a los demás ni ser vista por los esclavos que ya estaban en la cocina preparando café, y se encontró con el capataz afuera.

- Habla rápido, Gerónimo - dijo, ya irritada.

- Señorita Rose, la negrita que envió al cepo está muerta.

Rose palideció por unos momentos. Pero pronto recuperó el control de sí mismo y pensó un rato. Su rostro se iluminó con una idea y le sonrió a Gerónimo.

- Ve a la cocina, toma uno de los cuchillos y méteselo. Cuando papá pregunte quién apuñaló a la niña, dígale que fue Josafat. No puedo dejar que descubran que yo tuve la culpa.

A Gerónimo no le gustó la idea, primero porque a Josafat le gustaba la chica y ya tenían planeado estar juntos; segundo, el jefe no lo creería esa historia.

- Señorita Rose, su padre no lo creerá.

- Apoyo lo que dices, digo hasta que vi la figura de Josafat acercarse al baúl y apuñalar a la negra.

- No lo sé... - respondió Gerónimo, un poco desconfiado.

- Has eso. Te daré ese anillo de diamantes. Puedes ganar un buen dinero con él. ¿Qué opinas?

Entonces todo mejoró. A Gerónimo le entusiasmó la idea. Corrió a la cocina y, subrepticiamente, cogió un cuchillo; Luego se dirigió hacia el baúl para ejecutar el plan.

Cuando el Sol quedó completamente expuesto en el horizonte, bañando el valle donde se ubicaba la finca con ese majestuoso color naranja que solo la naturaleza es capaz de producir, se escuchó un grito angustiado de una mujer proveniente del patio. Fue un apuro, todos querían saber qué estaba pasando.

Luego vieron a la niña atada al cepo, con un enorme cuchillo clavado hasta la empuñadura en el pecho. Frente a él, una esclava con las manos tapándose la boca y luciendo asustada. Los otros negros se acercaron formando un círculo alrededor del cepo. Llegó Gerónimo abriendo paso. Se acercó al cuerpo inerte, fingiendo no saber nada. Entonces llegó el jefe, don Alcântara.

- ¿Quién hizo eso? - Preguntó el granjero.

Gerónimo se alejó lentamente y miró a su alrededor. No vio a Josafat y dijo:

- Fue Josafat, jefe.

- ¿Por qué tendría que hacer eso? ¿Tenía alguna razón?

- Yo tampoco lo sé, jefe - dijo Gerónimo -, pero lo vi rondando el cepo de madrugada.

- Está bien, saca ese cuerpo rápido, antes que mi hija lo vea, luego busca al criminal. No dejes que se escape. No fue difícil encontrar a Josafat. Estaba tumbado detrás de un arbusto, con una botella en la mano, completamente vacía. Se había levantado temprano para colar agua y algo de comida a la chica que estaba en el cepo y la encontró muerta. Éste se molestó, volvió al cuartel de los esclavos, cogió una botella de aguardiente que había escondido y se internó en el bosque. La pérdida de su ser querido fue un duro golpe para él.

Lo llevaron y lo ataron al tronco, el mismo de donde acababan de sacar a la esclava.

Nadie creyó la historia contada por Gerónimo, acusando a Josafat, pero no pudieron hacer nada.

No tenía sentido intentar arrancarle una confesión al esclavo en ese momento, ya que estaba completamente borracho. Tendrían que esperar a que pasara la borrachera. Fue un día triste en la finca Tres Marías.

Más tarde, curado de su embriaguez, Josafat afrontaría la ira de su jefe.

Don Alcântara, después de realizar gestiones para realizar las tareas de la hacienda, llamado Gerónimo, le dijo que trajera un látigo y se dirigieron hacia el tronco. Al llegar allí, inmediatamente preguntó:

- ¿Por qué mataste a la "negrita"?

- No fui yo, jefe.

Con una señal, don Alcântara ordenó a Gerónimo que azotara al esclavo indefenso.

Después de algunos azotes, el granjero interrumpió y volvió a preguntar:

- ¿Por qué mataste a la "negrita"?

- No fui yo, jefe... - respondió Josafat, ya con dificultad.

Se dio una nueva señal y nuevos latigazos, intensificando aun más las lesiones.

- Y además, negro maloliente, no tengo todo el día para quedarme aquí esperando tu voluntad.

- Por Dios, jefe, no fui yo... - gimió Josafat.

- Dale unos azotes más y déjalo ahí, luego volvemos a preguntar. ¡Este Sol hace mucho calor! Voy a descansar un poco - dijo el granjero, dirigiéndose hacia la casa grande.

Marina, desde la ventana de su dormitorio, observaba todo y no podía contener las lágrimas. ¿Cuándo terminará tanta injusticia? - se preguntó. A Rose, por otro lado, le importaba un bledo. Al menos la culpa por la muerte de la esclava no recaería sobre ella, pensó. Pronto el negro sería liberado y todo volvería a la normalidad. Salió al porche, se sentó en el banco mecedor y observó de lejos el tronco al que todavía estaba atado el esclavo. Entonces Gerónimo se acercó, un poco desconfiado.

- Señorita Rose, lamento molestarla, pero... ¿podría darme el anillo que me prometió?

Rose no entendió.

- ¿Anillo? ¿Qué anillo? - Preguntó -. No recuerdo ningún anillo.

- Señorita Rose, por favor, necesito el anillo - Gerónimo empezó a tener miedo que ella no cumpliera el trato.

- Eres un idiota, Gerónimo. Ni siquiera sé cómo mi padre pudo contratarte como capataz, ¿y aun así vienes aquí a exigirme? Te daré el anillo más tarde - respondió Rose, terminando el asunto con una risa.

Gerónimo había planeado ir a la ciudad al día siguiente para vender el anillo y necesitaba conseguirlo ese día. Estuvo junto a la ventana del dormitorio de Rose hasta el comienzo de la noche. Ella, al notar la actitud del capataz, le dedicó una sonrisa despectiva y arrojó el anillo por la ventana.

Como aun era temprano, Rose decidió ir a hablar con su padre a la oficina.

- Papá, ¿puedo pasar? - Preguntó, con la puerta entreabierta.

- Sí, hija, pasa - respondió el granjero -. No tuviste suerte con tu regalo, ¿verdad?

- No hay problema papá, lo que me pone triste es ese hombre atado a ese tronco, sufriendo. Por favor, libéralo, papá. Cuando puedas, dame otro regalo. Creo que Josafat mató a la niña solo para no dejarla sufrir más.[7] Fue un gran amor.

Esas palabras suavizaron el corazón del viejo granjero. No conocía ese lado sencillo y cariñoso de su hija. Pero tampoco se dio cuenta que era pura simulación.

- Voy a hacer que liberen al negro - dijo.

- ¿Déjame hacer esto, papá?

- Está bien, busquen a Gerónimo y que suelten al negro.

- Estoy yendo.

---

[7] Hay personas que piensan que acortando la vida de alguien que sufre (eutanasia) le estarán ayudando. Esta idea es errónea, como enseña la Doctrina Espírita, pues en realidad le están privando de un examen final de conciencia y de un posible arrepentimiento antes de su desencarnación. (Ver capítulo 5, ítem 28 de *El Evangelio según el Espiritismo*, Petit Editora.)

Rose besó al granjero en la mejilla y salió corriendo, dejándolo pensativo, rascándose la barbilla con incredulidad. Sin embargo, la chica ya tenía un plan. Antes de hablar con Gerónimo, hablaría con Josafat.

- Josafat, ¿me oyes? - Preguntó en voz baja, agachándose junto al esclavo.

- Sí... señorita... pequeña Rose - respondió Josafat con dificultad, entre gemidos.

- Gerónimo fue quien mató a la negra - dijo, mirando a los ojos del esclavo.

Josafat volvió la cabeza hacia un lado y lloró. Su corazón estaba muy apretado, el dolor del castigo en el cepo no era ni la mitad del dolor de haber perdido a su ser querido. Su amargura fue muy grande.

Rose sintió un poco de remordimiento cuando vio el sufrimiento del negro y las lágrimas corriendo por su rostro. Quizás había ido demasiado lejos con eso. Pero no podía parar más, necesitaba recuperar el anillo. Se levantó y fue a buscar al capataz. Dio la orden de liberar al negro y regresó a su casa a esperar los acontecimientos.

Gerónimo fue a liberar a Josafat. Lo llevaron al cuartel de esclavos para curar las heridas provocadas por los látigos. Sin embargo, el esclavo permaneció al acecho. A la primera oportunidad, reunió todas las fuerzas que le quedaban y, de un salto, agarró al capataz por el cuello. Rodaron por el suelo en una lucha feroz. Gerónimo, en un esfuerzo supremo - porque aunque Josafat estaba mal herido era fuerte y grande -, tomó el cuchillo que llevaba en la cintura y, de un solo golpe, golpeó en el vientre a su oponente, quien al estar herido, retrocedió. Aprovechando su descuido, Gerónimo lo apuñaló varias veces, deteniéndose solo cuando el esclavo ya estaba muerto.

Una vez más se rompió la paz en la granja.

Otra muerte en tan poco tiempo.

Uno de los empleados corrió a la casa grande y le contó al jefe lo sucedido.

- ¡No es posible! ¡Qué duro trabajo hace esta gente! - Gritó el granjero, corriendo hacia el barrio de los esclavos.

Desde lo alto de las escaleras, Rose se rio suavemente de los acontecimientos. Ahora el plan solo continuaría al día siguiente.

- No fue mi culpa, jefe - dijo el capataz -. El negro saltó sobre mi cuello luciendo como un loco, ¡era él o yo!

- ¿Qué hice yo para merecer todo esto? - Se lamentó don Alcântara, rascándose la cabeza -. Que saquen el cuerpo de allí. Debería deducirlo de tu sueldo, ¿verdad?

Gerónimo no respondió, pero pensó: "Con el dinero que voy a conseguir por el anillo, ya ni siquiera necesito trabajar aquí, me voy, me voy a ocupar de mi vida en otro lado." Como el día siguiente era su día libre, juntó sus cosas, que no eran muchas, con cuidado para que nadie se diera cuenta y las colocó en el caballo y se fue temprano.

Era casi mediodía cuando Rose prosiguió con su plan. Entró en la oficina de su padre, obligándose a llorar.

- Papá, falta ese anillo de diamantes que me regalaste el año pasado, que era de mamá. ¿Y ahora?

- ¡Una más! - El viejo granjero se dejó caer en el sillón, suspirando profundamente -. ¿Quién tendría la osadía de entrar a la casa a robar?

- Quizás fue uno de los empleados - Rose intentó dirigir la conversación -. ¿Enviaste a Gerónimo a la ciudad hoy?

- No, aunque hoy es su día libre, puede ir a donde quiera.

- Sí, pero Rosália lo vio salir temprano, con un enorme bulto en su caballo - reforzó la niña.

- Voy a ir a su dormitorio y comprobar eso - dijo el padre saliendo de la oficina.

En el dormitorio, con la ayuda de Romildo, uno de los empleados, pudieron comprobar que el capataz no tenía intención de regresar, pues se había llevado todas sus pertenencias. El granjero inmediatamente nombró a Romildo como nuevo capataz y luego le ordenó que reuniera algunos hombres bien armados para que pudieran salir a cazar a Gerónimo dentro de una hora.

Como Gerónimo había comentado su intención de ir a la ciudad, el grupo se dirigió allí. Al llegar, don Alcântara buscó inmediatamente al jefe de policía y le contó en pocas palabras lo sucedido. Inmediatamente el agente de la ley reunió a sus asistentes y dio la orden de buscar al fugitivo en todos los rincones.

Gerónimo vio cuando el jefe llegó a la ciudad, acompañado de empleados armados, dirigiéndose directamente a la comisaría. Inmediatamente dedujo que don Alcântara no había venido a dar un paseo.

"Esa maldita chica, planeó todo perfectamente - pensó -. No dejaré que se ría de mí. Voy a aprovechar que todos están en la ciudad y volveré a la granja para darle una lección a esa sinvergüenza."

Y eso es lo que hizo. Rápidamente, pero con cuidado, salió de la ciudad y se dirigió a la finca y, escabulléndose, moviéndose para no ser visto, entró en la casa grande por una de las ventanas. Subió a la habitación de Rose y entró. Estaba frente al tocador y Marina se alisaba el pelo con un cepillo. En el espejo, Rose vio entrar al ex supervisor con una pistola en la mano. Corrió hacia un rincón tratando de escapar del peligro, pero no había salida, estaba acurrucada en un rincón, acorralada. Marina intentó hablar con Gerónimo.

- Cálmate, Gerónimo. Toma lo que quieras, pero no lastimes a nadie.

- Cállate, señorita Marina - respondió Gerónimo -. Esta maldita no tiene derecho a vivir. ¡Te respeto porque sé que eres una buena persona, pero tu hermana es peor que el diablo!

- ¡Piedad, Gerónimo! - gritó Rose, sintiendo el peligro.

- ¡¿Piedad?! No tuviste misericordia de la muchacha ni de Josafat; ¿Por qué crees que te la daría a ti, miserable?

Gerónimo apuntó con el arma a Rose y, cuando estaba a punto de apretar el gatillo, Marina se adelantó para intentar detener el disparo y recibió un disparo directo en el pecho, cayendo en medio de la habitación. Por unos momentos, Gerónimo y Rose se quedaron quietos, sin saber qué hacer. El ex capataz, al ver la gravedad de la situación, olvidó lo que lo había llevado allí. Salió en una carrera loca, atropellando a los negros que subían las escaleras para ver qué había pasado.

Una vez fuera de la casa, saltó sobre su caballo y se alejó al galope. Intentó saltar la valla, pero como era demasiado alta, el caballo tropezó y cayó sobre la pierna del ex capataz. El caballo se rompió el cuello y murió instantáneamente. Al no poder deshacerse del animal, el ex empleado de la granja fue rápidamente rodeado por negros que custodiaban la casa.

- Vamos a atarlo al tronco - dijo Romualdo, uno de los responsables de la seguridad de la finca -. Pedro, toma un caballo y ve al pueblo y díselo al jefe. ¡Rápido!

El Problema de Tónico

Después de terminar la narración, Adalberto suspiró y miró a su mentor espiritual Geraldo, como preguntando por qué se había interrumpido la "historia."

- Ya es tarde, Adalberto, tienes que volver a tu cuerpo.

- Gracias por la ayuda - agradeció, mentalizó el cuerpo y en una fracción de segundos ya estaba en él.

Eran las seis de la mañana cuando sonó la campana de alarma, despertando al médium. Se levantó, hizo su aseo, tomó el desayuno que ya le había preparado su esposa y salió a dar otro de sus paseos matutinos.

Como estaba jubilado, intentaba mantener su forma física caminando.

En la panadería, Valdomiro terminó una tanda de panecillos calientes y fragantes, dejando ese delicioso aroma en el aire. Tónico, una vez más, no se había presentado a trabajar y Joaquim volvió a hablar de despedirlo. En conversaciones anteriores, Tónico más o menos le había contado a Valdomiro su problema. Zeziño, el único hijo, andaba en compañía no muy recomendable, se emborrachaba y, a veces, cuando estaba sobrio, decía ver una figura que parecía ser su abuelo. Su padre también sospechaba que consumía drogas. Valdomiro decidió pasar por la casa de su amigo a la hora de almorzar, para intentar ayudarlo de alguna manera; Al menos trata que no falte tanto al trabajo, ya que eso le perjudicaría aun más.

Eran más de las doce y media cuando Valdomiro llegó a casa de Tónico. Dio una palmada y gritó:

- ¡Ay en casa! ¿Hay alguien ahí?

Tónico se fue sonriendo. A pesar de los problemas que enfrentó, siempre mantuvo un buen humor.

- ¿Está perdido el panadero araqueño? - Dijo bromeando con Valdomiro -. Entra ésta es tu casa.

Valdomiro entró y de inmediato se sentó en el sofá.

- Valdomiro, ¿quieres un café? - Preguntó la esposa de Tónico.

- No, gracias, Marita.

- ¿Cuál es el motivo de su visita, hay algún problema en la panadería? - Quiso saber Tónico -. ¿El señor Joaquim dijo algo sobre mí?

- Lo dijo, y cada vez es más difícil superar la situación. Necesitas encontrar una manera de no perderte tanto. Pronto el "hombre" pierde completamente la paciencia y termina despidiéndote. Simplemente no lo ha hecho todavía porque eres un buen empleado y siempre estoy encontrando la manera.

- Sí, y te lo agradezco mucho. Mi hijo estuvo fuera de casa toda la noche y yo no pude dormir.

- Por eso vine aquí. Hubo un tiempo en que me criticaste, llamándome ateo, solo porque no seguía ninguna religión. De hecho, intenté seguir a varias e incluso me llevaste a tu iglesia algunas veces para participar en el servicio.

Pero nunca encontré respuestas a mis preguntas. Pero ahora que lo encontré, estoy feliz y por eso estoy aquí para intentar ayudarte, solo dependerá de ti.

- ¿Y qué religión es la que logró cautivarte? - Preguntó Tónico.

- El Espiritismo - respondió Valdomiro, con gran convicción.

Tónico y su mujer se miraron y quedaron con la boca abierta, con una tremenda expresión de asombro en sus rostros.

- ¡¿Espiritismo?! ¿Estás loco? ¡Eso es una demostración del diablo! - Gritó Tónico poniéndose de pie de pie frente a Valdomiro, quien permanecía tranquilo.

- No, no - respondió -. Es lo mejor que me pudo haber pasado. Y aun más: me llevaste tres veces a asistir a los servicios de tu iglesia, ahora te voy a llevar a participar de una reunión espírita.

- ¿Ir? ¿Y cuándo será eso? - Preguntó Tónico, intentando burlarse y desafiar a su amigo.

- Hoy.

- ¡¡¡¿Hoy?!!!

- Sí, eres sordo o estás actuando como un estúpido, ¿eh?

Tónico miró a su esposa, como buscando una defensa para salir de esa situación, pero ella solo se encogió de hombros e hizo un puchero, como diciendo: "Tú eres quien decide." Después de todo, el amigo simplemente estaba allí tratando de ayudar y decir que no sería, como mínimo, descortés. Además, Tónico solo iba al culto por costumbre, ya que no encontraba todas las respuestas a sus dudas, pero, como se sentía bien yendo allí, siguió asistiendo.

- No lo sé, no - dijo Tónico, rascándose la barbilla.

Valdomiro se acomodó en su asiento, tomó un aire más serio y habló con un tono de voz más fuerte, diferente al que solía hablar.

- Tónico, somos amigos desde hace mucho tiempo, más de lo que imaginas. Siempre te he respetado, siempre he tratado de ser tu mejor amigo, pero este momento requiere algo serio para que podamos resolver todos nuestros problemas. Cuando me lo pediste, te acompañé a asistir a tu servicio religioso. No era lo que quería, pero preocupado por nuestra amistad, fui. Hoy solo te pido que vengas conmigo a la reunión en el Centro Espírita una sola vez. Solo una vez. Solo un pequeño esfuerzo, que creo que será muy gratificante.

Tónico se quedó quieto, un poco sorprendido por la forma en que hablaba su amigo. Nunca lo había visto hablar así y con esa voz extraña, pero al mismo tiempo le parecía tan familiar, parecía ser la voz de una persona muy cercana a la familia.

- A las siete pasaré a recogerte. Prepárate - dijo Valdomiro, saliendo inmediatamente, sin darle tiempo a su amigo para replicar. En la calle, Valdomiro suspiró y empezó a pensar en lo que había pasado. Nunca había tenido una experiencia tan extraña, nada parecido. Era como si alguien estuviera hablando a través de él. Y ese entumecimiento en el cuerpo... Fue todo muy extraño. Estaba tan distraído que casi chocó con Adalberto, que estaba en su camino.

- Mira por dónde vas, muchacho. Así terminarás atropellando a alguien - bromeó Adalberto.

Valdomiro le contó en pocas palabras a su amigo lo sucedido en casa de Tónico. Adalberto escuchó atentamente y aclaró al niño:

- Debes tener una mediumnidad más pronunciada. Tuvo una experiencia de incorporación espontánea y necesitas estudiar la Doctrina Espírita [8] y trabajar para perfeccionar su mediumnidad y tener control sobre ella[9].

- Inco... ¡¿qué?! - Valdomiro se sobresaltó.

- La incorporación es la comunicación de un espíritu a través de un médium. ¿Aun no sabes nada al respecto?

- Sí, lo sé, ahora lo recuerdo. Lo leí en un libro que me prestaste.

- Creo que deberías inscribirte hoy en el curso preparatorio de Espiritismo.

- ¿De verdad piensas eso? - Preguntó Valdomiro.

- Es lógico. Como médium potencial, es posible que hayas servido como intercambio. Mira, tal vez algún familiar o espíritu protector de tu amigo estaba allí tratando de ayudarlo y, al escuchar la conversación y notar su potenciada mediumnidad, aprovechó para expresarle su consejo de manera más directa.

- Entendí. Pero, ¿no es necesario que el médium se prepare antes que se produzca una incorporación? - Quería conocer a Valdomiro.

- En condiciones normales, sí. Pero allí la necesidad de comunicación era urgente y el médium no necesariamente

---

[8] Para conocer la Doctrina Espírita es necesario estudiar los libros básicos de la Codificación de Allan Kardec: *El Libro de los Espíritus, El Libro de los Médiums, Génesis, El Evangelio según el Espiritismo y El Cielo y el Infierno*.

[9] La mediumnidad es la capacidad de comunicarse con el mundo espiritual, ya sea en sueños, a través de la intuición o de cualquier otra forma. Todos somos médiums, ya que la influencia de los espíritus se ejerce sobre nosotros de alguna manera.

tiene que ser consciente que habrá comunicación. Esto sucede todo el tiempo, estamos constantemente en contacto con los espíritus, muchas veces somos intuidos. Todo lo que se necesita es un poco más de sensibilidad y el intercambio se produce.

- ¡Que maravilla! ¿Eso significa que alguien que conoce a Tónico me utilizó para convencerlo de ir al Centro Espírita? ¡Muy inteligente! ¡Qué cosa tan fascinante!

- No sé si estará convencido, recién lo sabremos en la noche - dijo Adalberto colocando una mano en el hombro de Valdomiro -. Sabemos poco de la grandeza real del mundo en el que vivimos y, además, tiene libre albedrío.

Valdomiro miró a Adalberto, tratando de entender el verdadero significado de aquellas palabras, cuando se topó con el reloj de la iglesia.

- ¡Maldita sea, son casi las dos! ¡El señor Joaquim debe estar trepando por las paredes! - Y se escapó -. Hasta pronto, Adalberto, y gracias por las explicaciones.

Adalberto se despidió con un gesto de la mano y volvió a su camino, sonriendo y meditando sobre la experiencia de Valdomiro. ¡Qué interesante para la espiritualidad trabajar siempre para ayudar a los encarnados! Y estas personas la mayoría de las veces no tienen idea de lo que están recibiendo, ignorando y no aprovechando esta preciosa ayuda. Si solo el hombre intentara desinfectar más sus pensamientos, imaginando cosas buenas, intentando ver el lado bueno de todo y de todos, seguro que recibiría mucha más ayuda.

En el Centro Espírita

Ya eran más de las siete y casi todos los trabajadores del Centro Espírita ya habían llegado. Valdomiro llegó con Tónico, quien lo seguía observando todo con mirada sospechosa.

- ¿Estás seguro que no hay peligro aquí? - Preguntó.

- Sí, aquí solo encontrarás amigos - respondió Valdomiro con firmeza -. Son personas normales como tú y como yo.

- ¿Puedo ayudar a mis compañeros? - Preguntó una simpática señora, acercándose.

- Gracias, necesitamos hablar con Adalberto. ¿Ya llegó? - Preguntó Valdomiro.

- Sí, está en la librería.

Valdomiro le dio las gracias, le hizo una señal a Tónico para que lo siguiera y se dirigió hacia la librería. Allí, Adalberto conversaba con uno de los voluntarios que se encargaba de vender los libros.

- Entonces, Teresa, ¿estás disfrutando de tu nuevo trabajo? - Preguntó.

- ¡Pucha! Señor Adalberto, ¡nunca me había sentido tan bien en mi vida! ¡Es tan maravilloso! Cuando llegue mi día de estar de servicio aquí, no puedo esperar a venir. Me gusta mucho leer, leo casi todas las novedades y cuando la gente viene aquí necesitando ayuda, buscando un libro, trato de guiarlos para que tomen lo que les pueda dar las respuestas que necesitan. Y ya sabes lo interesante que es, cuando terminan de leer vienen a mí para agradecerme el bien que les ha hecho la lectura.

- Genial, esperemos que tu entusiasmo dure mucho tiempo y, si la gente lo está disfrutando, que siga así, ¿no?

- Yo creo que sí. Incluso estoy pensando en formar un club de lectura espiritista. ¿Qué opina? - Preguntó la joven.

- Cualquier iniciativa es válida, pero hay que tener cuidado de no sobrecargarse y acabar perdiendo el entusiasmo. Debes administrar bien tu tiempo para que nada de tu trabajo se vea perjudicado. Intenta reunir más asistentes para nuevos proyectos. Así podrás realizarlos de forma más segura y estarás dando la oportunidad a otras personas de también ser útiles.

- Gracias por el consejo, Adalberto. Siempre es bueno saber de alguien con más experiencia. Es cierto, nos emocionamos mucho y podemos acabar arruinándolo todo.

Adalberto sonrió. En ese momento entraron a la librería Valdomiro y Tónico.

- Veo que lograste traer a tu amigo - dijo, dirigiéndose a los chicos.

- Sí, aquí está Tónico.

Como Adalberto ya conocía la historia del amigo de Valdomiro, estrechó la mano de Tónico y le dijo a Valdomiro:

- Todavía tenemos tiempo antes que comience la reunión. ¿Por qué no llevas a Tónico a tomar un pase?

- Bien. Entonces hasta pronto - respondió Valdomiro.

- Vamos, Tónico.

Luego de salir de la librería, Tónico jaló el brazo de su amigo y le dijo:

- ¿Qué es eso de tomar un pase?

- Tranquilo amigo, te gustará. Y además, ¿nunca has oído hablar de la imposición de manos? Es la misma cosa.

Y fueron a la sala de pases.

A las ocho en punto, Adalberto convocó a la reunión pública del Centro Espírita. La oración inicial la pronunció uno de los participantes en la mesa. Luego se leyó un extracto de *El Evangelio según el Espiritismo*. Adalberto comentó el texto leído. Habló conmovedoramente a los presentes del pasaje en el que, estando Jesús crucificado entre dos ladrones, uno de ellos preguntó al Maestro:

"Señor, cuando entres en tu reino, acuérdate de mí."

Entonces Jesús respondió:

"Hoy estaremos en la casa del Padre."

Valdomiro, con gesto inconsciente, miró a Tónico. Él, envuelto en una profunda emoción, dejó que una lágrima rodara por su rostro. Valdomiro se sintió muy feliz. Cerró los ojos y mentalmente agradeció a sus amigos espirituales por tan maravilloso momento. Luego de terminar el comentario hecho por Adalberto, otro señor dio una charla sobre un tema de actualidad, mientras los médiums psicografiaban.

Al finalizar se realizó una vibración y luego la oración final. Aquella simpática señora que los había recibido en la entrada se acercó a Tónico y le entregó un papel. Miró a Valdomiro e hizo un gesto, como preguntando qué era eso.

- No sé. Léelo y verás qué es - respondió Valdomiro, también curioso.

Tónico comenzó a leer el mensaje, que comenzaba así:

"Querido hijo, que la paz de Jesús te acompañe siempre. Sé que todo te resulta extraño, pero quédate tranquilo, todo saldrá bien. Tu madre Clô se encuentra muy bien, te envía un abrazo cariñoso y te pide que no…"

Tónico continuó leyendo con profunda ansiedad. Una vez más las lágrimas comenzaron a brotar. Cuando terminó de leer, miró a Valdomiro.

y dijo:

- No entiendo, esta gente no sabe nada de mí. ¿Cómo pueden hablar de cosas tan personales de mi vida? - Quería saber.

- ¿De quién es el mensaje? - Preguntó Valdomiro.

- Es de mi padre.

- Mira, Tónico, tu padre debe ser un gran trabajador en el mundo de los espíritus y debe estar tratando de ayudarte. Ya viste, el Espiritismo no se parece en nada a lo que pensabas, ¿verdad?

- Tienes razón, pero ¿cómo vamos a ayudar a mi hijo?

- En primer lugar, es necesario que toda la familia venga al Centro Espírita y realice un tratamiento espiritual. En el caso de Zeziño, probablemente será necesario un tratamiento más cuidadoso. Con el tiempo veremos los resultados. También es interesante que leas libros espíritas, ya que este conocimiento facilitará la solución de los problemas.

- Entonces vayamos a la librería y compremos algunos libros - dijo Tónico, emocionado.

- ¡Calma! Por ahora solo necesitas dos libros.

- ¡¿Solo dos?! ¿Y cuáles son?

- El primero es *El Evangelio según el Espiritismo*, en el que conocerá la parte religiosa. El segundo es *El libro de los Espíritus*. A través de él comenzarás a comprender qué es el Espiritismo en su parte filosófica. Más adelante conviene leer *El Libro de los Médiums*, que explica cómo funcionan los distintos tipos de mediumnidad. Todo debe hacerse con mucha calma y sin prisas.

- Estás bastante al tanto de estas cosas, ¿eh? - bromeó Tónico.

- Es interesante, la impresión que da cuando descubrimos el Espiritismo es que perdimos mucho tiempo y tratamos casi desesperadamente de compensar el retraso. Señor Adalberto explicó que este sentimiento es natural, sobre todo para quien viene en busca de respuestas, y que esto le pasa a la gente que está más o menos preparada o parecida, pero pronto nos tranquilizamos y empezamos a hacer las cosas con más naturalidad. Todavía estoy en la fase de euforia, ya he devorado unos siete libros.

Después de comprar los libros, se fueron.

Adalberto estaba hablando con Fina.

- Entonces, Tónico, ¿cuál fue tu primera impresión del Espiritismo? - Preguntó Adalberto.

- Realmente no se parece en nada a lo que dice la gente - dijo en un tono más tranquilo.

- Algunas personas hablan mal por ignorancia. En el momento en que tienes un contacto más cercano, de alguna manera cambias de opinión. Es la lógica de una Doctrina que no deja lugar a dudas en nada. Todo es claro y directo.

- ¡Incluso recibió un mensaje de su padre! - Intervino Valdomiro.

- ¡Qué maravilla, Tónico!

Tónico le mostró el mensaje a Adalberto, quien lo leyó atentamente y le explicó:

- Sería genial que vinieras con toda la familia a la próxima reunión para iniciar los tratamientos. Especialmente tu hijo.

- Eso me dijo Valdomiro; estaremos aquí en la próxima reunión - respondió Tónico.

- Eso es todo, lo lograrás, ten mucha fe y sobre todo persevera, no tienes idea cómo tener fe, creer, nos trae transformaciones, y el plano espiritual siempre ayuda a quien realmente quiere ser ayudado - explicó Adalberto.

Interrumpiendo la conversación, Valdomiro preguntó a Adalberto:

- Perdón por interrumpir, pero me gustaría saber cómo está Rose, ¿has tenido noticias de ella?

- Ella se está recuperando. Fina decía que sentía la presencia de los "amiguitos" de Rose en la habitación del hospital - dijo Adalberto.

- ¡Oh Dios! Ese grupo no pierde el tiempo.

- Tranquilo, son solo espíritus desequilibrados, que también necesitan ayuda. Tendremos que acelerar el tratamiento de Rose. Ella también tendrá que hacer un esfuerzo para asistir a la próxima reunión. De esta manera intentaremos ayudar también a sus "amiguitos."

Y así se despidieron, yendo cada uno a su casa.

Nuevamente en el Pasado

Como ocurría cada noche, Adalberto se desdobló en sueños, mientras su cuerpo descansaba, y se dirigió en espíritu a una colonia de estudio. El cuerpo necesita descansar, pero el espíritu no. Así, Adalberto aprovechó estos preciosos momentos de libertad temporal, ya sea estudiando o ayudando a los más necesitados.

Al llegar a la Colonia, en el pabellón de proyecciones, siempre acompañado de su mentor y amigo Geraldo, se acomodó en el sillón y esperó que continuara la historia sobre la vida pasada de Rose, que comenzó en el último encuentro.

Las imágenes no tardaron en aparecer.

Don Alcântara regresó a la hacienda a caballo. Pedro le dijo que había oído disparos en la casa grande, que su hija Marina estaba muerta, pero que no sabía qué había pasado realmente y que Gerónimo fue detenido.

Pronto el granjero se dio cuenta de los hechos. La tragedia cayó como una tonelada sobre sus hombros. No sabía qué hacer, con las manos apoyadas en la valla, mirando al horizonte, inmerso en una profunda tristeza.

"¿Por qué? - Se preguntó a sí mismo -. ¿Por qué Dios lo castigó tanto? Primero perdió a su esposa a quien amaba tanto por tener una hija estúpida, ahora pierde a su amada hija."

Los empleados, junto con los esclavos, permanecían a cierta distancia, esperando órdenes, observando.

Poco a poco el viejo coronel se fue recuperando. Había muerto su hija, aquella por la que sentía un cariño muy especial, cuya sencillez admiraba y, a pesar de no estar de acuerdo con algunas de sus actitudes, la respetaba, pues en el fondo sentía una gran admiración por ella. Conocía su gran capacidad intelectual y moral, sin poder entender; sin embargo, cómo podía ser su hija, ya que era grosero, inculto y no tenía nada que enseñar. Marina, un ángel, se había ido, ¡Rose era una plaga! Eso es lo que pensaba don Alcântara.

Con pasos lentos, se dirigió hacia el tronco donde estaba atado Gerónimo, deteniéndose a unos pasos de distancia.

Metros mirando al ex empleado. Él, a su vez, ni siquiera miró a su exjefe. Después de un rato, el viejo coronel se acercó a Gerónimo, se agachó frente a él y habló muy lentamente, como si quisiera marcar bien sus palabras.

- ¡No tienes idea de lo que te voy a hacer, maldito!

Gerónimo no respondió ni se movió.

Finalmente, el anciano regresó a casa, siempre acompañado de sirvientes que esperaban órdenes. Se acercó a la mesa donde yacía el cuerpo de Marina. Acarició su rostro rosado y delicado, parecía como si estuviera dormida, tal era su franqueza. No pudo contener las lágrimas. Nunca se había sentido tan desolado. Ni siquiera cuando su compañera murió, dando a luz a Rose, se había sentido así. Ahora parecía que estaba en un desierto, solo, sin apoyo ni consuelo, sin nadie que le diera una palabra de aliento. Sintió como si su corazón también quisiera detenerse. Cerró los ojos, no quería creer que esto estuviera pasando. La última persona que pudo consolarlo estaba allí, tendida, sin vida. Desde la muerte de su amada esposa, Marina fue su único apoyo. Cómo sería su vida, solo Dios lo sabía. Pero parecía que incluso Él ya no estaba allí.

Permaneció largo tiempo junto al cuerpo inerte.

Finalmente se dirigió a uno de los esclavos que cuidaba la casa y preguntó por Rose.

- Ella está ahí en la habitación - respondió la esclava entre lágrimas, después de todo, todos la querían mucho.

Marina, era muy cariñosa con los esclavos y siempre que podía los ayudaba en todo lo posible.

Con pasos lentos y cansados, el viejo coronel se dirigió hacia su habitación. Encontró a Rose acurrucada en un rincón, sentada en el suelo, con ambas manos tapándose la boca y la mirada perdida en el espacio. Cuando entró su padre, ella se encogió aun más, como un animal acorralado. El viejo coronel, sin saber todavía acerca de la verdad era cierto que la actitud de su hija era extraña.

- Niña, no seas así, acuéstate en la cama y descansa un poco.

- Papá, ¿cuándo subirá Marina a peinarme? - Preguntó la joven confundida -. Está tardando demasiado.

El padre, al no saber cómo responder, sintió una gran lástima por su hija porque pensaba que ella no entendía el drama que estaba ocurriendo. Intentó aligerarlo un poco.

- Marina se fue de viaje y no tardará en regresar. Vete a la cama y descansa.

- Quería ir con ella, papi. ¿Es hermoso el lugar donde ella está? También quiero ir. No quiero quedarme más aquí. Este lugar es muy malo.

Rose habló frenéticamente, mordiéndose los dedos. Don Alcântara empezó a preocuparse. La levantó y la llevó a la cama. Luego se dirigió a la puerta y le gritó a la esclava, ordenándole que preparara rápidamente un té calmante y se lo sirviera a la chica.

Envió a algunos empleados a fincas vecinas para informar lo sucedido. A primera hora de la mañana empezaron a llegar agricultores vecinos para asistir al funeral de Marina.

Por la mañana, don Alcântara estaba en el balcón, acompañado por los campesinos. A lo lejos se podía ver el tronco al que estaba atado Gerónimo. Todos fueron unánimes en conseguir justicia de inmediato. Algunos pensaron que debería ser ahorcado. Sin embargo, don Alcântara no encontró convincentes las sugerencias. No era suficiente para lo que sentía. Tenía que ser un castigo extremo. Eso es lo que pensó.

- ¿Y qué castigo es ese, coronel? - Preguntó don Felício.

- No lo sé todavía, no tengo prisa. Solo aplicaré el castigo cuando encuentre uno que satisfaga mi deseo de venganza.

- ¿Por qué no le quema las piernas, don Alcântara? - Preguntó Epaminondas, un nuevo agricultor de la región que no se mostró muy amigable con los presentes ya que incluso ellos encontraron excesiva su crueldad.

Todos lo miraron asombrados. La frialdad con la que se hizo la sugerencia fue tan aterradora como escalofriante.

Don Alcântara se rascó la barbilla, pensativo, y esbozó una sonrisa sarcástica.

- ¡Me gustó la idea! - Dijo.

Se hizo un silencio. Nadie comentó ni apoyó la idea, todos quedaron sorprendidos.

Al cabo de algunos minutos, don Felício retomó la conversación:

- No me gustaría presenciar tal castigo. Te pediría que, si realmente decides aplicarlo, lo hagas después del funeral.

Los demás agricultores expresaron la misma opinión. Solo Epaminondas no habló.

- ¿Y usted, Epaminondas? - Preguntó don Alcántara.

- Si no te importa, me gustaría quedarme y presenciar el "espectáculo" - respondió.

"Sádico - pensó Dom Felício -. Está bien, mañana haremos la 'barbacoa'" - asintió don Alcántara.

Epaminondas se rio y todos lo miraron con desaprobación, ya que no era el momento para alboroto. Sin embargo, siguió divirtiéndose con la idea.

"Sádicos – pensó don Felício, incluyendo, ahora, a don Alcântara.

Por la tarde tuvo lugar el entierro. Al final, todos se despidieron ofreciendo sus condolencias a don Alcántara. Solo Epaminondas permaneció esperando.

Al día siguiente, muy temprano, se encontraron con Gerónimo. Don Alcantara ordenó a sus empleados que trajeran leña.

Gerónimo seguía todo con miedo, imaginando ya lo que le esperaba.

- Traigan más leña, rápido - gritó el granjero.

Gerónimo empezó a preocuparse.

- Aten al desgraciado y acuéstenlo en el patio.

Gerónimo empezó a luchar, tratando de escapar y gritando desesperadamente:

- Piedad señor, sé que cometí un error, no me haga esto, haré cualquier cosa para compensarlo.

- No tienes nada que pueda compensar la pérdida de Marina, maldito. Sentirás en tu piel lo que yo siento en mi corazón.

Gerónimo estaba atado según lo ordenado, acostado boca arriba con los brazos abiertos. Recogieron la leña sobre sus piernas y le prendieron fuego. Gerónimo gritó desesperadamente, pidiendo perdón.

Cuando el fuego llegó por completo a sus piernas, se desmayó.

Epaminondas observaba todo desde lejos, divirtiéndose.

- ¡Tírale agua para despertarlo! - Gritó. Don Alcântara aceptó la sugerencia y ordenó que le arrojaran agua a la cara al ex capataz para despertarlo. Sin embargo, fue inútil, solo recuperó la conciencia por unos segundos, volviendo a perder los sentidos.

Una vez apagado el incendio, el granjero ordenó a sus empleados:

- Recójanlo y tírenlo al bosque para que los animales se lo coman; este desgraciado se lo merece.

Dos empleados de la finca, Toño y Beto, recogieron a Gerónimo y lo subieron a una carroza, llevándolo al bosque. Cuando llegaron, lo pusieron en el suelo.

- Sé que lo que hizo estuvo muy mal, pero el castigo fue muy cruel - dijo Toño, mirando al capataz agonizante -. No creo que debamos dejarlo así, en este sufrimiento.

- Pero, ¿qué podríamos hacer? - Preguntó Beto -. No podemos ocuparnos de él, porque el jefe pronto se enteraría y definitivamente nos castigaría. Si tan solo hubiera alguien cerca que lo cuidara... Pero no lo sé.

- Yo tampoco - dijo Toño -. Incluso si conocemos a alguien, no querrá hacerse cargo de Gerónimo, para no crear desacuerdos con don Alcântara. Lo mejor es acabar pronto con este sufrimiento.

Toño sacó un cuchillo de su cintura y cortó una vena en el cuello de Gerónimo, provocando que la sangre brotara. A los pocos minutos el ex capataz estaba muerto[10].

Toño era muy religioso, de buen corazón, y esa actitud le resultaba muy difícil, porque sabía que no podía quitarle la vida a nadie, aunque fuera para aliviarle el sufrimiento. Pero en esas condiciones no vio otra salida: Gerónimo sufriría mucho si lo dejaban solo en medio del bosque. Al ver que Gerónimo ya no respiraba, lo enterró con ayuda de Beto, quitándole luego su sombrero de paja, en el que

---

[10] Ver la nota de página nº sobre la eutanasia.

humildemente lo acompañaba Beto, y dijeron una sincera oración:

- Señor Padre, recibe en tu seno a este que acaba de dejarnos, perdona sus pecados y guíalo por el camino del bien; y si por casualidad me equivoqué al quitarle la vida, con la esperanza de aliviar su sufrimiento, perdóname, que la intención era la mejor posible.

Beto, como era sensible, no pudo resistirse y dejó caer una lágrima. Toño lo vio, pero no comentó, para no ofender a su amigo.

- Vámonos - dijo, poniéndose el sombrero y dirigiéndose hacia el carro.

Pasaron unos días. Rose demostró con sus acciones que no se encontraba bien. Se reía a carcajadas, tiraba la comida al suelo y ya no se ordenaba. Todos decían que estaba loca.

A su padre no le importaba mucho, de hecho apenas veía a su hija, ya que ella lo evitaba en la medida de lo posible, ocultándose cuando aparecía. Los esclavos no le dijeron nada al amo.

Un día, don Alcântara fue a ver a su hija y quedó horrorizado: la habitación estaba completamente destruida, las cortinas rotas, los muebles rotos, parecía como si allí hubiera ocurrido un terremoto. La hija, pálida, yacía impotente sobre el colchón en el suelo.

- Hijita, ¿qué te pasó? - Preguntó el padre, sentando a su hija en su regazo -. ¿Por qué te dejaste caer así?

- Papá, no te preocupes por mí. Extraño mucho a Marina. ¡Tengo tantas ganas de verla! Que alguien la llame, por favor.

- María - gritó el granjero.

- Sí, amo - respondió rápidamente la esclava que cuidaba la casa y estaba en las escaleras, solo esperando.

- Envía a Toño a la ciudad a buscar al médico, rápido.

- Sí, jefe - Y bajó corriendo las escaleras.

Unas horas más tarde, llegó el médico y fue directamente a la habitación de Rose. La examinó y le dejó una receta y algunos medicamentos, recomendando que limpiaran a fondo la habitación y la dejaran bien ventilada.

Pero la ayuda llegó tarde. Esa misma noche, Rose, que estaba muy débil por no comer, falleció.

Dos espíritus con aspectos oscuros esperaban ese momento.

Cuando Josafat y el esclavo fueron asesinados, fueron recibidos por espíritus de las sombras, quienes les iluminaron sobre la nueva situación. Al poco tiempo ya seguían a Rose y, al comprender toda su maldad, comenzaron a obsesionarla. Fueron testigos del sufrimiento de Gerónimo y fueron a su encuentro solo para convertirlo en esclavo. Sin embargo, estaba obsesionado con las quemaduras en sus piernas y no podía mantenerse en pie. Al poco tiempo, debido a su fuerte mentalización, acabó perdiendo las piernas. Josafat esperaba que fuera por poco tiempo, así que lo mantuvo cerca.

Josafat, un espíritu inteligente, pronto comprendió los mecanismos del mundo de los espíritus y dominó hábilmente la manipulación de los fluidos, ejerciendo así una fuerte influencia sobre las personas. Incluso la muerte de Rose ocurrió debido a su influencia. Obsesionándola intensamente, aprovechando su baja vibración y su conciencia que la acusaba de lo sucedido, le resultó fácil someterla. Actuando constantemente sobre los pensamientos de la joven, sin darle tregua, logró su propósito, llevándola a enfermar gravemente y, en consecuencia, a la muerte[11]. Ahora estaban cara a cara. Solo necesitaba esperar a que Rose entendiera su nuevo estado.

Sin embargo, Josafat no contó con un detalle: la presencia de Marina, acompañada de dos espíritus de luz más que también estaban allí para ayudar a Rose. Marina, de buen espíritu, recibió un gran apoyo cuando falleció, inmediatamente comprendió su situación y se preocupó por su hermana. Pidió permiso a sus superiores para ayudarla, lo que obtuvo con reservas, ya que sus amigos le advirtieron que cualquier ayuda sería inútil en ese momento. Aun así, Marina quiso intentarlo y dos espíritus vinieron con ella para ayudarla.

Cuando Josafat vio a Marina, gritó con odio:

- ¡¿Qué haces aquí?! No permitiré que te acerques a Rose, ¡ahora ella me pertenece! - Gritó irritado.

- Nadie es de nadie - respondió Marina con voz dulce y cariñosa -. Todos somos hijos de Dios, por lo tanto, todos

---

[11] Los espíritus no pueden matar a las personas encarnadas, sucede que en casos de obsesión profunda y prolongada, el obsesor impone su voluntad al obsesionado, interfiriendo no solo en sus acciones y pensamientos, sino también en su salud, lo que puede provocarle la muerte o la locura. Para el obsesionado, esta es una prueba conforme a los designios de Dios, ya que podrá liberarse de esta situación mediante el perdón y el cambio de pensamientos y actitudes (ver *El Libro de los Médiums*, capítulo 23).

somos hermanos. Vinimos a ayudar a nuestra hermanita, y si lo deseas, puedes venir con nosotros también.

- No permitiré que te lleves a este pequeño monstruo contigo, ella merece ser castigada por lo que hizo.

- Lo siento, Josafat, lamentablemente no podrás evitar que nos llevemos a Rose con nosotros. Y te lo vuelvo a decir, me gustaría mucho que tú y tu amigo vinieran con nosotros.

- Nadie irá contigo, ni yo ni Joanita - respondió Josafat.

- ¿No quieres venir con nosotros, Joanita? - Preguntó Marina directamente a la chica, que siempre estaba detrás de Josafat.

Ella; sin embargo, se limitó a mirar a Josafat y sacudió la cabeza negativamente.

Marina, junto a sus compañeros, envolvieron a Rose en una nube de fluidos y poco a poco fueron desapareciendo.

- No tiene sentido llevarla, siempre estaré esperando. Un día atraparé a este monstruo y luego será mía - gritó Josafat con los puños cerrados, golpeando el aire.

* * *

En ese momento terminó la narración y Adalberto miró a Geraldo, como diciendo: "¡¿Qué situación, eh?!"

- Sí, Josafat, Gerónimo y Joanita permanecieron juntos todo este tiempo. Gerónimo nunca logró recuperar sus piernas, debido a su fijación mental y porque Josafat lo mantuvo así para que siguieran juntos para vengarse. Un día descubrieron el paradero de Rose, cuando ella fue a esa mansión, que en el pasado había sido la sede de la hacienda,[12] y fueron a reunirse con ella, continuando así la venganza - explicó Geraldo.

- ¿Y qué pasa con Rose, qué le pasó? - Preguntó Adalberto.

- Marina intentó por todos los medios mantenerla en urgencias en el plano espiritual, luego de tratarla, pero Rose, en su rebelión, no quiso quedarse, prefiriendo caminar sola, hasta que terminó en el Umbral, involucrándose con espíritus sufrientes, sufriendo mucho y durante mucho tiempo, hasta que se arrepintió y pidió ayuda a Marina, quien la ayudó nuevamente.

De hecho, este tiempo en el Umbral fue muy importante para Rose, ya que meditó mucho sobre todo lo que había hecho, tanto encarnada como desencarnada, y comprendió el mecanismo de la espiritualidad. Después de ser ayudada por Marina y tener que readaptarse a la Colonia, pidió ayuda a su hermana para intentar ayudar a Josafat, Gerónimo y Joanita. Pero no lograron nada, ya que los tres estaban envueltos en vibraciones muy bajas, tanto que ni siquiera podían alcanzar el reconocimiento de Rose como un espíritu en ese momento.

- Muy bien, veamos qué podemos solucionar en este caso - dijo Adalberto, regresando luego a su cuerpo físico, ya que era casi la hora de despertar.

---

[12] Los espíritus no siempre reencarnan en el mismo lugar o en la misma familia que en vidas pasadas, sino en ambientes compatibles con su necesidad de progreso.

El Tratamiento

La semana siguiente, Tónico llevó a su esposa y a su hijo al Centro Espírita. Ya había quedado con Valdomiro, en la panadería, para encontrarse en la puerta del Centro. No tuvo problemas para convencer a su esposa de ir, pero su hijo ofreció cierta resistencia, no precisamente por su parte, sino por los compañeros invisibles que lo acompañaban, ya que para ellos no había ningún interés en ese trato. Al contrario, si pudieran evitarlo, lo harían por todos los medios, pero no eran solo los infelices compañeros los que estaban allí; también estaba el padre de Tónico, quien con su presencia logró doblegar la resistencia del grupo. Así, los compañeros desgraciados no pudieron impedir que el chico se dirigiera al Centro Espírita.

Adalberto llegó antes que Valdomiro. Tras aparcar el coche, se dirigió a la entrada del Centro junto con Rose, que se encontraba alojada en su casa desde que salió del hospital. Adalberto al ver a Tónico fue saludado:

- Buenas noches, Tónico, ¿cómo has estado?

- Muy bien, Adalberto, salvo los pepinos y las piñas, todo perfecto - Ellos rieron -. Esta es mi esposa, Marita, y este es mi hijo José, Zeziño.

- ¡Oh! Qué bueno que vinieron - dijo Adalberto, luego de saludarlos a ambos -. Espero que podamos ayudarlos.

- Le agradecemos su amabilidad - respondió Marita, tímidamente.

Él respondió con una sonrisa amistosa y entró al Centro con Rose. En la puerta se volvió hacia Tónico y le preguntó:

- ¿Estás esperando a Valdomiro?

- Sí, así es - respondió Tónico.

- Genial, pero si quieres entrar e instalarte, no hay problema.

- Gracias Adalberto. Esperemos un poco más afuera.

- Este señor es un buen tipo, ¿no es así Tónico? - Comentó Marita.

- Es cierto, es el presidente del Centro Espírita.

- Tónico, ¿no crees que al pastor Tadeu le parecerá mal que hayamos venido a un Centro Espírita? - Preguntó Marita, preocupada.

- Puede que le parezca malo, pero somos nosotros los que decidimos qué hacer, al fin y al cabo estamos aquí para intentar encontrar una solución al problema de Zeziño. Como él no tiene la respuesta a nuestros problemas, tenemos que buscarla en otra parte. Y después de ese mensaje espiritual de mi padre, ya no tengo ninguna duda que aquí seremos ayudados.

- Solo quiero ver la charla de los hermanos de la iglesia cuando sepan que vinimos a un Centro Espírita - dijo Marita, previendo el "escándalo."

Entonces llegó Valdomiro, un poco cansado, pues había venido a pie y la distancia desde su casa al Centro no era pequeña.

- Hola amigo - dijo Tónico dándole un abrazo a su amigo -. Aquí estamos.

- Estoy feliz de ver a la familia aquí, unida. Estoy orgulloso de tenerlos como amigos - dijo Valdomiro emocionado.

- Eres un gran adulador - dijo Marita, en tono de broma.

-¿Viste si llegó Adalberto? - Preguntó Valdomiro.

- Sí, llegó, ya está dentro - respondió Tónico.- ¿Viste si había alguien más con él?

- Sí, había.

- ¿Una chica?

- Sí.

Tónico y Marita se miraron y sonrieron.

- ¡Ah, ah! ¿Significa esto que el corazón del chico está enamorado? - Bromeó Tónico.

- Basta - dijo Valdomiro, avergonzado, modificándose para disimular -. ¿Entramos?

Dentro, Adalberto, al verlos entrar, salió a recibirlos y les recomendó pasar directamente a la sala de entrevistas, donde una médium analizaría el caso de cada uno y recomendaría el tratamiento ideal.

Después de la entrevista, se confirmó lo obvio: Tónico y Marita se someterían a un simple tratamiento espiritual, pero Zeziño, además del tratamiento espiritual, sería atendido por el equipo de desobsesión [13], ya que había reclutado compañeros muy descontentos, ignorantes de la verdad evangélica y quiénes serían guiados en este encuentro.

A veces, simplemente seguir una religión no es suficiente. El hogar, aunque muchos lo desconozcan, es el verdadero templo. Se deben controlar los pensamientos y las actitudes. Bueno, Jesús nos aconsejó, hace mucho tiempo, *"orad y velad."* Verdades que rara vez se siguen y que traen infelicidad y tragedias dentro de la familia.

El médium que entrevistó a Tónico le recomendó hacer el Evangelio en Hogar[14], pues esta práctica ayudaría mucho en el tratamiento. A Tónico y Marita les gustó la idea y quisieron ponerla en práctica con la ayuda de Adalberto, quienes se ofrecieron a ayudarlos en las primeras semanas.

Después de la reunión, todos se reunieron en la librería, Adalberto, Rose, Tónico, Marita y Zeziño, excepto Valdomiro, que hablaba con Fina sobre los distintos tipos de mediumnidad que existen.

Rose ya estaba al tanto de los hechos. Adalberto le explicó detalladamente los hechos ocurridos en aquella encarnación convulsa, en la que ella, por ignorancia, había "conquistado" a tres feroces perseguidores. Ahora era necesario conciliarnos para que la vida continuara con

---

[13] Desobsesión: reunión realizada en el Centro Espírita para esclarecer el espíritu obsesivo, ya que este generalmente tiene poco conocimiento evangélico. El objetivo es que desista de sus intenciones de venganza.

[14] Evangelio en el Hogar: reunión realizada para oración y estudio de *El Evangelio según el Espiritismo*. Se celebra siempre el mismo día de la semana y a la misma hora para facilitar la presencia de amigos espirituales y proteger el hogar.

naturalidad, buscando la mejora de todos, porque así evolucionamos, ayudándonos unos a otros.

- Señor Adalberto, ¿podremos sensibilizar a Josafat? Me parece tan endurecido. Tengo mucho miedo que no me perdone - dijo Rose, entristecida.

- Por muy duro que sea el corazón, siempre es posible encontrar un resquicio, y por eso intentaremos hacerle entender que la venganza no conduce a nada y que perdonar es más gratificante. Y además, Josafat lleva mucho tiempo en esta lamentable situación, creo que no será difícil convencerlo, sobre todo porque es un espíritu inteligente y comprenderá nuestros argumentos.

- Dios te escuche - dijo Rose, en un suspiro, con un dejo de preocupación.

Entró Valdomiro, todo sonriendo.

- ¡Hola gente! ¿Como están todos? - Preguntó alegremente. Sin embargo, al ver el rostro triste de Rose, la sonrisa que lucía se desvaneció -. ¿Que pasó? Pensé que todo estaba bien. Estás fuera del hospital, estás mejor que nadie y ya estás bien. ¿Por qué esa cara triste?

- Está preocupada por Josafat, cree que él no podrá perdonarla por lo sucedido - explicó Adalberto.

- Pero, por lo que tengo entendido, quien más sufrió fue Gerónimo. Esto podría causar preocupación -. Valdomiro comenzó a hablar e inconscientemente tomó cariñosamente la mano de Rose.

Sus ojos se encontraron con ternura. No se necesitaron palabras. Por unos momentos permanecieron allí, mirándose, como hipnotizados por el amor. Ese momento mágico, de apenas unos segundos, les pareció eterno. Ésta es la magia del tiempo que solo el amor puro es capaz de realizar. Sus almas estaban afinadas, reunidas como dos notas musicales, formando una hermosa melodía.

Como la realidad es otra y no los sueños, Adalberto se aclaró la garganta, despertando a los dos jóvenes del trance. Lo disimularon y, avergonzados, intentaron volver a la normalidad.

- Como decías... - Adalberto hizo una pausa intencionada -. Gerónimo es el que menos me preocupa. Aceptará cualquier situación que sea mejor que la actual. Josafat lo cuestionará todo, no será fácil convencerlo.

- ¿Cuándo lo sabremos realmente? - quiso saber Valdomiro.

- Necesitamos ir a la mansión. Allí celebraremos una reunión para aclarar. Luego intentaré contactar con ellos tres y veré si podemos convencerlos que vengan al Centro. Si lo logramos, se comunicarán y, si es posible, serán adoctrinados.

- ¡¿Regresar a la mansión?! - Rose quedó impactada por la idea.

- No te preocupes, estaremos acompañados de espíritus amigos que nos ayudarán.- Tal vez, pero se me pone la piel de gallina, sí - dijo Rose, preocupada.

- Yo tampoco me siento cómodo en esa casa grande - dijo Valdomiro.

- Simplemente fijemos un día, tenemos que arreglarlo con Fina, para que pueda venir con nosotros - agregó Adalberto.

Al salir, Valdomiro se armó de valor, se acercó a Rose y le preguntó:

- ¿No quieres salir a caminar? Luego te llevo a casa.

- Me gustaría - dijo Rose, entusiasmada.

- Asegúrate de no quedarte despierto hasta tarde, ¿eh? - Dijo Adalberto. Los dos se rieron y se fueron.

Reunión en el Caserón

La fecha acordada para realizar la reunión en la mansión era el sábado siguiente, y sería en horas de la noche. A Valdomiro y Rose no les gustó al principio; sin embargo, no dijeron nada, pues Adalberto debía tener una buena razón para elegir esa fecha, y como era en beneficio de la joven, prefirieron aceptarla sin ningún comentario.

El sábado, mucho antes de la hora prevista para ir a la mansión, Valdomiro ya estaba en casa de Adalberto. Todos sabían el motivo de tanto entusiasmo, que era estar cerca de Rose. Los dos estaban hablando en el balcón. Cuando faltaba poco para la hora acordada, salió Adalberto y dijo:

- Vámonos, en el camino pasaremos por la casa de Fina.

Cuando llegaron a la mansión, alrededor de las nueve, el Sol casi desaparecía iluminando las nubes con una belleza monumental, brindando un espectáculo fantástico que solo la Naturaleza puede ofrecernos. Adalberto se propuso regalar un paraíso pues miraba las nubes y respiraba de felicidad, elevando su pensamiento, dando gracias por la oportunidad de presenciar esa maravilla.

- Qué lindo, ¿no, Adalberto? - dijo Valdomiro, admirando también los rayos del Sol bañando las nubes.

- Sí, es maravilloso - respondió simplemente el caballero -. Podría pasar horas admirándolo y no cansarme.

Valdomiro asintió con una sonrisa y se bajó por la puerta del auto, porque Rose y Fina ya se estaban sintiendo incómodas con la demora.

Todos salieron del auto y se dirigieron hacia la mansión. Rose estaba visiblemente preocupada. Desde que salió de esa casa no había regresado y no sabía cómo comportarse y actuar. Seguramente dentro estaban Gerónimo, Josafat y Joanita, y ella no sabría su reacción cuando entrara a la casa. Con miedo se quedó atrás, retorciendo la blusa que tenía en las manos y con los ojos llorosos y aterrados.

Valdomiro notó el drama de la joven y llamó a Adalberto, quien regresó y abrazó cariñosamente a Rose.

- No hay de qué preocuparse, querida, con nuestra presencia no podrán hacer nada. Mantén tus pensamientos en alto, piensa en Jesús y todo saldrá bien. No estamos solos, buenos compañeros del plano espiritual están con nosotros y nos ayudarán en lo que sea necesario. Confía y ora.

- Está bien, lo siento - respondió Rose.

Entraron lentamente. Valdomiro se acercó a la caja de luz para encender el interruptor principal. La casa estaba limpia, ya que Adalberto había dispuesto la limpieza poco después que sacaron a Rose de allí, pero como llevaba algún tiempo cerrada, persistía un olor desagradable. Fina intentó abrir las ventanas y la corriente de aire purificó el espacio, haciéndolo más respirable. Nada se notó de inmediato. Adalberto no pudo "ver" a ninguno de los espíritus, pero sintió su presencia. Estaban en la casa, probablemente arriba.

- ¡Es muy atrevido! - Dijo Josafat, con odio, golpeando su varita contra su mano -. ¿Cómo tienen el coraje de venir aquí? Me dan ganas de retorcerle el cuello a ese idiota.

— Cálmate... - intentó recomendar a Joanita, pero fue interrumpida.

— ¡Cállate! No me importa tu opinión. ¡Si no fuera por ese viejo, iría y le daría unos cuantos palos a ese cínico!

— ¿Qué crees que vinieron a hacer aquí? - Preguntó Gerónimo sentándose en el suelo.

Josafat miró irónicamente a su compañero lisiado y se rio.

— Vinieron aquí para provocarnos, pero no dejaré que se apoderen de ustedes... Qué extraño, me siento mareado. ¿Qué diablos me está pasando?

— Yo también estoy mareada - dijo Joanita sentándose en la cama.

Los espíritus de luz, que acompañaban a Adalberto, ya se encontraban en la sala, preparando a los tres espíritus rebeldes, pues serían "invitados" a participar del encuentro[15]. En el salón ya estaban todos sentados. Adalberto abrió la reunión y pidió a Fina que dijera una oración, la cual fue respondida prontamente.

— Dios Padre - habló con profunda reflexión y meditación -, estamos agradecidos por la oportunidad de poder servirte, como encarnarnos pagando nuestras deudas y también de poder ayudar a los hermanos menos iluminados. Somos conscientes del compromiso de nuestra misión como

---

[15] Los tres obsesores no notaron la presencia de los trabajadores en el plano espiritual debido a la diferencia de vibración. Los espíritus elevados tienen una energía más pura y es por eso que no fueron vistos ni sentidos por los perseguidores de Rose, quienes poseen una energía más densa. Sin embargo, cuando es necesario, los espíritus de luz pueden hacerse ver por espíritus de menor vibración.

médiums y sabemos que esto no es un privilegio, sino una oportunidad para redimir nuestras deudas ante Ti. Danos fuerza para lograr nuestros propósitos inmediatos y los que están por venir, envía a Tus mensajeros para ayudarnos, si esto es lo que merecemos. Humildes y servidores, haremos lo mejor que podamos.

Está en nuestro poder lograr los propósitos deseados. ¡Gracias!

- Valdomiro, abre al azar *El Evangelio según el Espiritismo* y lee el mensaje - pidió Adalberto.

- Sí, señor - respondió el chico, abriendo el libro y sorprendido leyó el mensaje:

- "Los enemigos desencarnados." El espírita también tiene otras razones para ser indulgente con sus enemigos. En primer lugar, sabe que el mal no es el estado permanente del hombre, sino que se debe a una imperfección momentánea y, de la misma manera que un niño se corrige de sus defectos, el hombre malo algún día reconocerá sus errores y se convertirá en bueno.

Tú también sabes que...[16]

Valdomiro leyó el texto con emoción y transmitió emoción a todos.

- La lección realmente viene bien - dijo Adalberto -. Tenemos aquí un caso de venganza proveniente del pasado, en el que ha predominado el odio, endureciendo los corazones, no permitiendo la entrada de la luz y, en consecuencia, del amor. Pero, como decía el mensaje, no hay corazón tan malvado que no esté tocado por buenos

---

[16] *El Evangelio según el Espiritismo*, Allan Kardec, capítulo 12, Petit Editora.

sentimientos. Así, podemos decir que nadie es malo y que el bien es una semilla que aun está dormida en estos corazones y de un momento a otro puede florecer, cambiando el camino de estos espíritus, antes envueltos en tinieblas, ahora iluminados, porque este es el deseo del Padre, por tanto, mientras estemos en el camino de la ignorancia, estaremos atrapados en la evolución. En el momento en que empecemos a practicar la caridad, volveremos al camino ascendente. Perdonar es uno de los actos de caridad más sublimes, porque quien lleva el odio en el corazón sufre mucho, no conoce la felicidad y solo la caridad es capaz de proporcionar la verdadera felicidad.

Gerónimo y Joanita, que estaban alojados en la habitación, a pesar de estar un poco aturdidos, estaban conscientes de lo que pasaba y se conmovieron con las palabras de Adalberto. No eran malos espíritus, eran simplemente víctimas de las circunstancias, influenciadas por el poder de persuasión de Josafat, que no les permitía ninguna iniciativa, convirtiéndolos casi en esclavos.

Josafat, por su parte, se mantuvo inflexible, mirando burlonamente y provocativamente a Adalberto.

Los espíritus de luz, al ver que sería difícil convencerlo en ese momento, se hicieron visibles para los tres. Uno de ellos se acercó afectuosamente a Josafat y lo abrazó sin resistencia, haciéndolo quedarse dormido. Luego le pidió a Adalberto que pusiera fin a la reunión, pues los tres serían llevados al Centro para intentar allí su adoctrinamiento.

Los lunes siempre había reuniones de desobsesión, en las que los espíritus eran informados de su nueva situación y, si era posible, adoctrinados y ayudados.

Todos estuvieron presentes en la reunión. Adalberto abrió con una oración y luego uno de los presentes leyó un pasaje de *El Evangelio según el Espiritismo* que dice: "El que de vosotros esté sin pecado, que tire la primera piedra." [17] Después de meditar sobre la enseñanza del perdón, comenzaron las comunicaciones.

Josafat, Gerónimo y Joanita dormían en una habitación del plano espiritual, justo encima del salón donde tuvo lugar el encuentro. Cuando comenzaron los trabajos de constitución, los llevaron allí, todavía aturdidos. Josafat siempre estuvo acompañado de un mentor, que lo rodeaba con sus brazos. Cuando llegaron, el espíritu de luz lo hizo despertar del letargo en el que se encontraba y le habló con mucho cariño, pidiéndole que se acercara a Fina para que le permitiera incorporarse. Josafat no pudo negarse. Fue tal el bienestar que aquel espíritu le proporcionó que conmovió su espíritu rebelde. Se acercó a Fina, que ya estaba en trance, y se paró a su lado.

- Habla hermano - dijo el espíritu de luz -, abre tu corazón.

- No entiendo qué está pasando... - dijo Josafat, sorprendido al ver al médium repetir sus palabras.

- Continúa hermano, estás entre amigos - animó Adalberto.

---

[17] *El Evangelio según el Espiritismo*, capítulo 10, Petit Editora.

- ¡¡¡Amigos!!! No sé ustedes, por quienes tengo mucho respeto, pero nunca seré amigo de esta tramposa, ¡¡¡tengo muchas ganas que se derrita en el fuego del infierno!!! - Gritó Josafat con odio, señalando a Rose.

- Entendemos tu rebeldía - dijo Adalberto -, pero Rose ya ha sufrido mucho y hoy comprende que el odio no conduce a nada. Ella también sabe que te hizo cosas malas en un pasado lejano y hoy te pide que la perdones.

- ¡¿Perdonar?! ¡¡¡Estás delirando, nunca la perdonaré!!!

- Estoy seguro que Gerónimo la perdonaría, y él fue quien más sufrió, incluso más que tú, ya que fue a quien le quemaron las piernas producto de la fragilidad de Rose. Sufriste un castigo injusto y a consecuencia de ello te mataron. Pero recuerda que nada nos sucede por casualidad. Gerónimo está cansado de arrastrarse, liberémoslo para que pueda volver a caminar.

- ¿Cómo sabes de estas cosas? Ocurrieron hace mucho tiempo - dijo Josafat, mirando a Gerónimo -. Este pedazo de basura nunca volverá a caminar.

- Solo suéltalo, nosotros haremos el resto - pidió Adalberto, tratando de convencerlo.

- Por mí está bien, ya estoy cansado de tenerlo cerca.

- No queriendo abusar de tu amabilidad, te pediría que también liberaras a Joanita.

- ¡No, eso es demasiado! Ella se quedará conmigo.

- Bien, volvamos al caso de Rose. Si la perdonas podrás acompañar a tus hermanos a esferas superiores, donde serás atendido con mucho amor, y en el futuro incluso podrás estudiar. Te sentirás mucho mejor que ahora, perdona para sentirte mejor.

- Ya he oído hablar de lugares que dicen que son maravillosos - Josafat ya mostraba cierto cansancio y se inclinaba a aceptar la invitación -, pero siempre pensé que no sería digno de esos lugares, porque soy muy ignorante, estúpido y encima negro. Ciertamente no me aceptarían allí.

- Todos somos dignos de estos lugares, solo necesitas arrepentirte de tus errores y perdonar a quienes crees que son tus enemigos, porque, en verdad, no tenemos enemigos, todos somos hermanos. Perdona y comienza un nuevo camino en tu existencia - dijo Adalberto con gran cariño, lo que fue suficiente para minar las fuerzas del espíritu rebelde.

En ese momento el espíritu de luz que estaba al lado de Josafat lo abrazó cariñosamente. Josafat lo miró y lloró como un niño, porque en ese momento pudo reconocer el espíritu que siempre había estado allí. Era su madre. En una fracción de minutos recordó el tiempo que estuvieron juntos en la encarnación pasada, cuando él era apenas un niño y se enfrentaba a un futuro no muy prometedor, que era la vida de esclavo, y su madre le habló con cariño sobre la necesidad de resignación, de no cultivar el odio y de buscar siempre ser amigos de todos.

- Perdóname, madre - pidió Josafat, entre lágrimas, en brazos de su madre -, por haber sido malo durante tanto tiempo, perdóname.

- No tengo nada que perdonarte querido, eres tú quien necesita perdonar para poder liberarte de este peso que llevas tanto tiempo. Perdona a Rose para que podamos ir a un lugar maravilloso, donde siempre quise llevarte.

- Está bien mami, perdono a Rose y quiero tenerla como amiga.

En ese momento el ambiente se transformó. Pétalos de flores comenzaron a caer del techo, perfumando el ambiente, del techo salían maravillosos rayos de luz, de fuente desconocida, demostrando que la espiritualidad se regocijaba con lo sucedido. Hubo una fiesta en el cielo.

Josafat, Gerónimo y Joanita se durmieron y fueron fácilmente trasladados a un Puesto de Socorro espiritual.

Adalberto siguió todo, admirando el mecanismo espiritual y dando nuevamente gracias, porque en ese momento se había roto otra cadena de odio, dando paso a la fraternidad, y más corazones podían disfrutar de las bendiciones del bien y la caridad.

Rose, envuelta en mucha emoción, estaba llorando, solo que esta vez no era de miedo, sino de una inexplicable y maravillosa felicidad, un sentimiento tan bueno y tan poco experimentado. Se sintió aliviada, como si le hubieran quitado un peso de encima, sintiendo que realmente había sido perdonada.

- Demos gracias a Dios que todo salió bien - dijo Adalberto -. Oremos para que nuestros hermanos puedan adaptarse lo más pronto posible al nuevo camino que sabiamente eligieron esta noche, y que de ahora en adelante puedan transformar el odio que tenían en sus corazones en altas virtudes, lograr beneficios para ellos y para todos los que vengan. en contacto con ellos. Y que Dios nuestro Padre los ilumine, gracias.

Todos siguieron mentalmente la oración y, cuando terminó, abandonaron la habitación.

Una vez fuera del Centro, Valdomiro abrazó cariñosamente a Rose. Apoyó la cabeza en el hombro del chico y caminaron juntos a casa.

Al día siguiente, Rosália salió a barrer el patio como de costumbre. Se distrajo cuando, de repente, miró la mansión y se sorprendió, porque se veía diferente. No sabía cómo, antes no le gustaba mirarla porque sentía como si una nube oscura lo rodeara, transmitiéndole malas sensaciones, pero ahora era diferente. Con el Sol iluminándolo todo, las plantas estaban más vivas y ya no había ese mal ambiente a su alrededor, simplemente estaba tan hermoso como siempre. Rosália se quedó allí unos minutos, admirando la casa. Nunca se había dado cuenta de los detalles, que solo ahora le parecían visibles.

Matilde se iba cuando vio a su vecina, no le gustó encontrarla, pero cambió de opinión al notar que estaba parada allí, como hipnotizada, mirando la mansión.

Se acercó al muro que separaba las dos casas y llamó:

- Doña Rosália, ¿hay algún problema? - Preguntó.

- No... no... - Dijo asustada -. Esta todo bien. ¿Has visto en qué se diferencia la mansión?

Recién en ese momento Matilde prestó atención a la mansión y también quedó asombrada por el nuevo aspecto.

- ¿Qué crees que pasó? - Preguntó Rosália.

- Creo que vinieron a hacer una reunión espiritista, porque el sábado por la noche vi a Adalberto y algunos compañeros del Centro entrar a la mansión con Rose - explicó Matilde, quien también asistía al Centro Espírita.

- ¡Dios mío! Debe ser macumba.

- No, conozco a una de las personas que estaba allí. Es el señor Adalberto, es el líder del Centro Espírita, una buena persona, ayuda a mucha gente que lo necesita. Creo que vinieron a ayudar a los espíritus que estaban en esa casa, y por lo que estamos viendo hoy, estoy seguro que lo lograron.

- ¿Estás tratando de decirme que en esa casa había espíritus y que eran ellos los que asustaban a la gente?

- Sí, la solución al problema sería una buena noticia para empezar el día, ¿no? - Dijo Matilde saliendo y sonriendo.

Rosália permaneció quieta, su cabeza no podía asimilar la noticia, pero ya había un "pensamiento" interesante.

Le preguntaría a su vecina la dirección del Centro Espírita y se dirigiría allí. Quién sabe, tal vez pasaría algo bueno en tu vida.

Con estos pensamientos, continuó barriendo el patio y empezó a tararear.

A través de los ojos del cuerpo no podríamos ver lo que estaba sucediendo en ese momento, pero a través de los ojos del espíritu nos emocionaríamos al ver el espíritu protector de Rosália llorando de felicidad ante esa iniciativa de su protegida. Llevaba mucho tiempo esperando esa actitud. Quién sabe, ahora Rosália se metería algunas cosas buenas en la cabeza y tomaría un buen rumbo en su vida.

Y Todo Terminó Bien

Tiempo después, al final de una de las reuniones del Centro Espírita, todos se reunieron en la pequeña sala del fondo.

- Parece que tenemos una gran noticia, ¿no, Valdomiro? - Preguntó Adalberto en tono de broma -. Además de la considerable mejora de Rose, la familia de Tónico está mucho mejor, gracias a Dios.

- Queremos agradecerte inmensamente por la ayuda que recibimos de ti - dijo Tónico en tono ceremonial -. Señor Adalberto, Valdomiro, Fina y todos los que estamos en el Centro, que han cambiado radicalmente nuestras vidas, las mejoras que hemos sentido en estos últimos meses son impresionantes. Estaremos eternamente agradecidos.

- Lo que hicimos, Tónico - dijo Adalberto -, no fue más que nuestra obligación. Y luego, también nos beneficiamos de su mejora, porque ayudando a las personas, también nos estamos ayudando a nosotros mismos. Así funciona la fraternidad, así construiremos un mundo mejor, así también evolucionamos, objetivo principal de nuestra existencia. Por eso, no te preocupes por agradecer ni por pagar, tu pago será el beneficio que harás a los demás hermanos, ayudándolos sin esperar recompensas, ayudando siempre, cuantos más, mejor.

- Aun así, como no tenemos los conocimientos que tú tienes, estaremos agradecidos por ahora, hasta que estemos listos para ser útiles a los demás - respondió Tónico, visiblemente emocionado.

- Estás listo para ser útil - explicó Adalberto -. Todos nosotros, desde el momento en que fuimos fecundados en el vientre de nuestra madre, ya nos hemos vuelto útiles; es decir, antes de nacer empezamos a ser útiles. Y así ocurre durante toda la vida, solo depende de si somos más o menos útiles.

- ¿Cómo podemos ser útiles incluso antes de nacer? - quiso saber Valdomiro.

- Razón, Valdomiro, en el momento en que una mujer queda embarazada tiene que tomar ciertas precauciones, tiene que revisar actitudes, eliminar vicios para ayudar al bebé y en consecuencia a ella misma. Entonces, cuando somos fertilizados, comenzamos a ayudar, indirectamente. Pero, volviendo al tema, ¿no tienes algo nuevo que contarnos? - Preguntó Adalberto sonriendo.

- Sí. Rose y yo tenemos programado nuestro compromiso - dijo Valdomiro mirando con cariño a Rose -, y pretendemos casarnos lo antes posible.

Todos aplaudieron de alegría y fueron a abrazar a los jóvenes.

Así se acabó una obsesión. Para ello, además del trabajo espiritual, fue fundamental la colaboración de Rose, quien oraba mucho y cambiaba su campo mental, evitando quejarse, estar triste y evitando todo tipo de pensamientos negativos[18].

Así, lo que inicialmente era un problema sirvió para formar un nuevo grupo de personas llenas de paz, que seguramente lograría muchos otros buenos resultados.

Rose había regresado a vivir en la mansión, después de encargarse de su restauración. De hecho, el edificio había recuperado toda su antigua belleza. Se transformó en orfanato, ya que era muy grande y podía albergar a muchos niños. Rose había sido una niña mimada y no había dado nada por sentado, por lo que ahora tenía la intención de recuperar el tiempo perdido y trabajar para ayudar a los necesitados.

En una visita sorpresa, Adalberto encontró a Rose y Valdomiro cuidando el jardín.

- Entonces, ¿cómo está la pareja? Por lo que estoy viendo parece que a ambos les gusta cuidar la tierra.

- Buenos días, Adalberto - dijo Valdomiro.

- Moverse con la tierra, además de ser una buena terapia, ayuda a liberar tensiones cotidianas.

- Estoy completamente de acuerdo - dijo Adalberto y, volviéndose hacia Rose, que estaba colocando una estaca para sostener un plantón de rosas, elogió:

---

[18] Si Rose no hubiera orado y estado alerta, probablemente volvería a atraer obsesores hacia ella, ya que terminaría desequilibrándolos a través de las energías negativas de sus pensamientos. Si resistían su "llamado", otras entidades desequilibradas podrían unirse a ella por afinidad de pensamiento, provocando una nueva obsesión.

- Eso es genial, Rose, fue una gran idea transformar la mansión en un orfanato. Pero, ¿cómo vas a sostener todo esto? - Preguntó curioso.

Rose se puso de pie, colocando sus manos en su cintura, forzando su cuerpo hacia atrás, ya que había estado en cuclillas durante mucho tiempo. Miró pensativa al horizonte, como si recordara el pasado en busca de la respuesta.

- Creo que el dinero que llegue a nuestras manos no debe ser solo para nuestro uso, señor Adalberto - dijo con tranquilidad -. Gracias a Dios mis padres me hicieron bien económicamente, las empresas son sólidas, mis tíos las administran bien y podrán ayudarme con este proyecto, ya que son personas que también aspiran a un mundo mejor y sé lo que piensan como suele decirse: "¿De qué sirve el dinero si, cuando vamos a trabajar o de paseo, nos encontramos con niños en los semáforos pidiendo limosna, y tenemos miedo de saber que en cualquier momento nos puede robar uno de estos niños? ¿Quiénes han quedado marginados?" Por tanto es así que estarán contentos con la causa que abrazamos. Yo hago mi parte ensuciándome las manos y ellos hacen la suya ayudándome a sostenerlo, cada uno poniendo su parte.

- Genial, si tan solo todos pensaran así. Pronto pasaríamos de un mundo de expiación a un mundo de regeneración - filosofaba alegremente Adalberto.

- ¡¿Cómo es eso?! - Preguntó Valdomiro.

- Resulta que vivimos en un mundo de expiación y de pruebas, donde nos vemos obligados a convivir con la miseria, los crímenes y todo tipo de desajustes en la sociedad, el lugar perfecto para superarnos. Pero como somos espíritus en evolución, un día superaremos todas estas debilidades y entonces prevalecerán el amor, la fraternidad y la benevolencia, y la Tierra será un planeta feliz.

- ¡Planeta feliz! ¡Ojalá estuviera en eso! - Exclamó Valdomiro.

- Todo depende de uno mismo, solo hay que ganárselo - concluyó Adalberto.

* * *

Años más tarde, encontramos a Rose en el patio de la mansión, jugando con los niños. La mañana estaba clara, era primavera y el jardín estaba en plena floración, un paraíso para las mariposas, los colibríes y todo tipo de ser vivo que pudiera disfrutar de las flores. El ruido de las voces y las risas de los niños sonaba como una melodía.

Valdomiro, desde el balcón, observó todo, feliz, y agradeció íntimamente a Dios por ser parte de esa labor asistencial, en la que fue parte importante. Su mente volvió al pasado, recordando cuando su amigo Adalberto hablaba de un mundo feliz. Se preguntó si esos niños ya serían herederos del nuevo mundo.

Rose y Valdomiro ahora podían considerarse una familia, porque además de los niños que el hogar había adoptado, Rose ya llevaba en su vientre a dos seres que alguna vez habían sido sus compañeros de desgracias y tragedias, pero que gracias a la ayuda de ella migos espirituales, Josafat y Gerónimo acordaron venir como hermanos de sangre, hijos de Rose y Valdomiro. Dentro de ese programa también estaba prevista la llegada de Joanita.

Así, el amor lo corregirá todo, llevando a todos a ser herederos del nuevo mundo. Un mundo en el que la felicidad existirá verdaderamente.

FIN.

Grandes Éxitos de Zibia Gasparetto

Con más de 20 millones de títulos vendidos, la autora ha contribuido para el fortalecimiento de la literatura espiritualista en el mercado editorial y para la popularización de la espiritualidad. Conozca más éxitos de la escritora.

Romances Dictados por el Espíritu Lucius

La Fuerza de la Vida

La Verdad de cada uno

La vida sabe lo que hace

Ella confió en la vida

Entre el Amor y la Guerra

Esmeralda

Espinas del Tiempo

Lazos Eternos

Nada es por Casualidad

Nadie es de Nadie

El Abogado de Dios

El Mañana a Dios pertenece

El Amor Venció

Encuentro Inesperado

Al borde del destino

El Astuto

El Morro de las Ilusiones

¿Dónde está Teresa?

Por las puertas del Corazón

Cuando la Vida escoge

Cuando llega la Hora

Cuando es necesario volver

Abriéndose para la Vida

Sin miedo de vivir

Solo el amor lo consigue

Todos Somos Inocentes

Todo tiene su precio

Todo valió la pena

Un amor de verdad

Venciendo el pasado

Otros éxitos de Andrés Luiz Ruiz y Lucius

Trilogía El Amor Jamás te Olvida

La Fuerza de la Bondad

Bajo las Manos de la Misericordia

Despidiéndose de la Tierra

Al Final de la Última Hora

Esculpiendo su Destino

Hay Flores sobre las Piedras

Los Peñascos son de Arena

Otros éxitos de Gilvanize Balbino Pereira

Linternas del Tiempo

Los Ángeles de Jade

El Horizonte de las Alondras

Cetros Partidos

Lágrimas del Sol

Salmos de Redención

El Hombre que había vivido demasiado

Libros de Eliana Machado Coelho y Schellida

Corazones sin Destino

El Brillo de la Verdad

El Derecho de Ser Feliz

El Retorno

En el Silencio de las Pasiones

Fuerza para Recomenzar

La Certeza de la Victoria

La Conquista de la Paz

Lecciones que la Vida Ofrece

Más Fuerte que Nunca

Sin Reglas para Amar

Un Diario en el Tiempo

Un Motivo para Vivir

¡Eliana Machado Coelho y Schellida, Romances que cautivan, enseñan, conmueven y pueden cambiar tu vida!

Romances de Arandi Gomes Texeira y el Conde J.W. Rochester

El Condado de Lancaster

El Poder del Amor

El Proceso

La Pulsera de Cleopatra

La Reencarnación de una Reina

Ustedes son dioses

Libros de Marcelo Cezar y Marco Aurelio

El Amor es para los Fuertes

La Última Oportunidad

Nada es como Parece

Para Siempre Conmigo

Solo Dios lo Sabe

Tú haces el Mañana

Un Soplo de Ternura

Libros de Vera Kryzhanovskaia y JW Rochester

La Venganza del Judío

La Monja de los Casamientos

La Hija del Hechicero

La Flor del Pantano

La Ira Divina

La Leyenda del Castillo de Montignoso

La Muerte del Planeta

La Noche de San Bartolomé

La Venganza del Judío

Bienaventurados los pobres de espíritu

Cobra Capela

Dolores

Trilogía del Reino de las Sombras

De los Cielos a la Tierra

Episodios de la Vida de Tiberius

Hechizo Infernal

Herculanum

En la Frontera

Naema, la Bruja

En el Castillo de Escocia (Trilogía 2)

Nueva Era

El Elixir de la larga vida

El Faraón Mernephtah

Los Legisladores

Los Magos

El Terrible Fantasma

El Paraíso sin Adán

Romance de una Reina

Luminarias Checas

Narraciones Ocultas

La Monja de los Casamientos

Libros de Elisa Masselli

Siempre existe una razón

Nada queda sin respuesta

La vida está hecha de decisiones

La Misión de cada uno

Es necesario algo más

El Pasado no importa

El Destino en sus manos

Dios estaba con él

Cuando el pasado no pasa

Apenas comenzando

Libros de Vera Lúcia Marinzeck de Carvalho

y Patricia

Violetas en la Ventana

Viviendo en el Mundo de los Espíritus

La Casa del Escritor

El Vuelo de la Gaviota

Vera Lúcia Marinzeck de Carvalho

y Antonio Carlos

Amad a los Enemigos

Esclavo Bernardino

la Roca de los Amantes

Rosa, la tercera víctima fatal

Cautivos y Libertos

Deficiente Mental

Aquellos que Aman

Cabocla

El Ateo

El Difícil camino de las drogas

En Misión de Socorro

La Casa del Acantilado

La Gruta de las Orquídeas

La Última Cena

Morí, ¿y ahora?

Las Flores de María

Nuevamente Juntos

Libros de Mônica de Castro y Leonel

A Pesar de Todo

Con el Amor no se Juega

De Frente con la Verdad

De Todo mi Ser

Deseo

El Precio de Ser Diferente

Gemelas

Giselle, La Amante del Inquisidor

Greta

Hasta que la Vida los Separe

Impulsos del Corazón

Jurema de la Selva

La Actriz

La Fuerza del Destino

Recuerdos que el Viento Trae

Secretos del Alma

Sintiendo en la Propia Piel

World Spiritist Institute

www.ingramcontent.com/pod-product-compliance
Lightning Source LLC
LaVergne TN
LVHW092054060526
838201LV00047B/1385